# I F***ING LOVE E-SPORTS

ALEXANDER T. MÜLLER
MIT TIMO SCHÖBER

# I F***ING LOVE
# E-SPORTS

MEIN AUFSTIEG IM GEILSTEN BUSINESS DER WELT

# Inhalt

**Prolog**     7

**Kapitel 1**
E-Sport in den Kinderschuhen     13

**Kapitel 2**
Strategische und wirtschaftliche Ausrichtung     49

**Kapitel 3**
Unser Weg     77

**Kapitel 4**
Alles auf MOBA: SK Gaming,
*League of Legends* und die LCS     115

**Kapitel 5**
Die Ära *Counter-Strike: Global Offensive*     137

**Kapitel 6**
Weltklasse, seriös, nachhaltig     177

**Epilog**     199

**Anmerkungen**     201

# Prolog

# Heim-WM: Halbfinale zo Huss

Die Lanxess-Arena in Deutz, vom Kölner Dom aus direkt hinter der Rheinbrücke, ist seit Monaten ausverkauft. Wer noch an Karten kommen will, muss sein Glück auf dem Schwarzmarkt suchen. Auf dem Platz vor der Arena versammeln sich die Fans Stunden vor dem Einlass, die Vorfreude ist mit Händen zu greifen.

In Kölns größter Eventhalle, wo sonst 20 000 Zuschauer bei Eishockey-, Handball- und Basketballspielen mitfiebern, steht an diesem Samstag das WM-Halbfinale in *Global Offensive*[1], der 2016 gespielten Version von *Counter-Strike*, der Mutter des E-Sports, auf dem Programm. Und wir von SK Gaming sind dabei. Die Vorrunde hat unser Team überstanden und das Viertelfinale gegen ein ukrainisches Team gewonnen, nun also das Halbfinale.

Unser Gegner ist Virtus.pro, ein Schwergewicht der *CS:GO*-Welt. Das Team besteht aus Legenden der *Counter-Strike*-Geschichte wie Neo und paszaBiceps sowie erfolgshungrigen Nachwuchstalenten. E-Sports-Insider und die Medien sehen in diesem Halbfinale das vorgezogene Endspiel, den Clash der Turnierfavoriten. Für uns ist das eine Ehre. Es bedeutet aber auch immensen Druck. Die Erwartungshaltung von Fans, Sponsoren und der Community wollen wir nicht enttäuschen.

Zwölf Uhr mittags, es herrscht die sprichwörtliche Ruhe vor dem Sturm. Die Arena wirkt wie ein Ufo im Häusermeer, die Kölner nennen sie Henkelmännchen, wegen des sie überspannenden Bogens, der die Dachkonstruktion trägt. Drinnen erledigen die Mitarbeiter der Electronic Sports League (ESL)[2] letzte Arbeiten, verlegen Kabel, richten Kameras aus und testen die Beleuchtung. Die Spieler sind noch nicht da, sie ruhen sich noch im Hotel aus.

Es ist ein Moment des Innehaltens. Mit all den Bildern der vergangenen Jahre im Kopf und dem Blick auf das anstehende Großspektakel ist das angebracht. Seit den Anfängen des E-Sports[3] hat sich so viel verändert, alles ist wesentlich professioneller geworden. Dass Turnierveranstalter Hotels und Anreisen der Spieler und Verantwortlichen bezahlen, war früher undenkbar. Der internationale Erfolg bringt es mit sich, dass die Spieler fast mehr auf Flughäfen und in Hotellobbys herumhängen als vor dem Computer, ihrem Arbeitsplatz. Sie führen ein wahres Jetset-Leben, sind global-digitale Nomaden.

Auch wir sind weit gekommen. Für uns steht seit langer Zeit das erste Halbfinale bei einer offiziellen, durch den Publisher[4] Valve ausgerufenen Weltmeisterschaft an. Ich bin entsprechend nervös. Köln, der Veranstaltungsort, ist meine emotionale Heimat, ist unsere Stadt. Es ist die Heimat und der Dreh- und Angelpunkt von SK Gaming. 1997 hatten die Reichert-Brüder und einige Freunde unseren Zusammenschluss als „Schröt Kommando" in Oberhausen gegründet. Inzwischen ist es längst ein Unternehmen mit Sitz in Köln. Dieses Halbfinale ist also gleich doppelt besonders. Es ist das „Halbfinale dahoam", auf Kölsch: das „Halbfinale zo Huss". Und die ganze E-Sport-Szene in Deutschland schaut auf uns. Grund genug, alles zu geben.

Ich bin nun auf der Logen-Ebene der Arena, total nervös, und suche nach einer Beschäftigung. Der Tag soll besonders begangen werden. Deshalb haben wir eine Extraloge gemietet und bereits vor einer Woche die Familienmitglieder unseres Teams aus Brasilien einfliegen lassen. In Köln treten wir schließlich unter deutsch-brasilianischer Flagge an. Wir als SK Gaming haben ein brasilianisches Team unter Vertrag, das für uns bei diesem Turnier antritt. E-Sport ist international, der Globus ein großes Dorf.

Ich laufe also wie ein Tiger im Käfig hin und her. In solchen Situationen bin ich ein bisschen wie Monica Geller aus der 1990er-Jahre-Sitcom „Friends": Ich beruhige mich mit Aufräumen und Saubermachen. Beim Aufräumen habe ich die Situation unter Kontrolle und kann mich abreagieren. Eine aufgeräumte Welt ist eine kontrollierbare Welt. Und so rücke ich Stühle zurecht, arrangiere Besteck, Teller, Gläser und Salzstreuer auf den Tischen neu, poliere zum dritten Mal den Tresen. Am Ende sieht die Loge genauso aus wie vorher – und an meiner Nervosität hat sich nichts geändert.

Dann endlich öffnen sich die Türen und die Fans fluten die Halle. Das hier ist selbst für unser globales Business etwas ganz Besonderes. Derartige Dimensionen, gepaart mit der einzigartigen Stimmung, sind auch in unserem Sport nicht selbstverständlich. Tausende Fans, die sich auf E-Sport der Extraklasse freuen, tausende Augen, die auf uns gerichtet sind – und dazu Millionen vor den Bildschirmen zu Hause.

Gegen 14 Uhr beginnt das Warm-up, das Einspielen auf der großen Bühne. In dieser Phase machen sich die Spieler mit der Atmosphäre und den Bedingungen am Veranstaltungsort vertraut. Bei jedem Turnier haben die Lichtverhältnisse, die Akustik und die Zuschauerreaktionen, die immer anders sind, Einfluss aufs Geschehen. Auch die Hardware[5] ist immer wieder anders.

Nach dem Check geht es über einen Fahrstuhl in den Backstage-Bereich. Unser Spieler mit dem Nickname[6] Taco, nicht nur ein hervorragender E-Sport-Athlet, sondern auch eine lebende Beatbox, gibt jetzt den Rhythmus vor, die anderen Spieler freestylen und singen.

Ich versorge die Spieler mit Getränken und Snacks. Die Anspannung ist für mich unerträglich. Und dann geht es endlich los: der Augenblick des großen Auftritts, das Einlaufen in die Arena. Es ist ein unglaubliches Gefühl, wenn das Licht erlischt und der Countdown beginnt: 10, 9, 8,

7 ... 15 000 Kehlen zählen laut runter, bei 0 wird die Arena schlagartig erleuchtet, Pyrotechnik, dröhnende Musik, Lightshow – es ist der Wahnsinn. Als die Protagonisten im grellen Scheinwerferlicht die Bühne betreten, geben die Fans alles. Der Lärm ist ohrenbetäubend. Unsere Spieler hüllen sich in brasilianische und deutsche Flaggen. Sie haben Köln ein wenig als Heimat angenommen. Auch wenn wir im E-Sport ein globales Dorf sind, gehört ein bisschen Nationalstolz zur Inszenierung eines Sportevents dieser Größe dazu.

Und da haben wir es nicht leicht. Die Arena ist mehrheitlich auf der Seite der Helden von Virtus.pro, die in ihren Sportlerleben schon alles gewonnen haben und längst ein Teil der E-Sport-Geschichte sind.[7] Kaum jemand hat im Spiel CS:GO Größeres erreicht als diese fünf Jungs. Aber unsere Geheimwaffe ist die brasilianische Leidenschaft, die auch gut an den Rhein passt. Unsere 25 Fans aus Südamerika sind wild entschlossen, den rund 12 000 Virtus.pro-Fans im Rund der Lanxess-Arena die Stirn zu bieten und das tun sie auf beeindruckende Weise.

Bei all diesem Spektakel und Lärm kommt dann der Moment der Wahrheit. Die Spieler nehmen Platz. Es geht los. Da tritt plötzlich in der Loge ein älterer Herr auf mich zu, der Vater unseres besten Spielers Coldzera, trotz seines Alters ein riesiger *Counter-Strike*-Fan. Er spricht mich auf Portugiesisch an: „Não se preocupe, Alex. Relaxe. Vamos vencer isto. Hoje é um belo dia" – „Keine Sorge, Alex. Entspann dich. Das gewinnen wir! Heute ist ein schöner Tag."

Er hat Recht, es ist ein schöner Tag. Nur manchmal verliert man eben auch an schönen Tagen.

## Kapitel 1

# E-Sport in den Kinderschuhen

Wir haben schon eine lange Reise hinter uns – eine Reise mit vielen Erfahrungen, Erlebnissen und Highlights. Und sie ist sicher noch nicht vorbei. Aber wir sind weit genug gekommen, dass es sich lohnt, kurz innezuhalten und auf die bisher zurückgelegte Strecke zurückzublicken.

Wo fängt man am besten an, diese Geschichte zu erzählen? Springen wir in die Zeit Mitte bis Ende der 1990er-Jahre. Im Februar 1995 machte ich mein Abi. Und dann? Damals mussten Männer noch entscheiden, ob sie ein Jahr Bundeswehr oder etwas länger Zivildienst machen. Ich entschied mich für die Wehrpflicht und anschließend fing ich an zu studieren, 1996 war das. Wie damals gang und gäbe, überlegte ich, was ich neben dem Studium noch so machen könnte. Ein Job schien eine spannende Ergänzung zum Studium zu sein. Also schaute ich mich um und fand bei der Firma Dendrite eine Stelle. Das war in Sindorf, draußen bei Kerpen, westlich von Köln, Heimatort des insgesamt siebenmaligen Formel-1-Weltmeisters Michael Schumacher.

Dendrite entwickelte Software, um die Außendienste von Pharmakonzernen zu steuern, zu vereinfachen und teilweise zu automatisieren. Das ist eine streng reglementierte Branche. Die Außendienstler durften zum Beispiel nur in bestimmten Intervallen Ärzte besuchen und hatten hier verbindliche Vorgaben, etwa nur einmal pro Halbjahr Arzt X anzurufen. Mit der Software wurde der Arbeitsalltag der Pharmareferenten dokumentiert und transparent nachgehalten. Auf diese Weise entstand eine große Datenbank, sodass die Ärzte und auch die Pharmakonzerne immer auf der rechtlich sicheren Seite standen. Betreut haben wir zwei der führenden Pharmariesen mit mehreren Hundert Mitarbeitern im Außendienst.

Was macht man als Werkstudent in so einem Unternehmen? Genau, man sitzt an der Hotline und beantwortet Kundenanfragen und Anrufe von den Außendienstlern. Die Außendienstmitarbeiter hatten für die damalige Zeit absolute Highend-Notebooks. Im Prinzip hatten sie ihre Software darauf, insbesondere Windows, und darüber hinaus vor allem Datenbanken. Alles war dort direkt personalisiert. Für eine Zeit, in der noch kaum jemand Internet oder leistungsstarke Privatrechner hatte, war das also schon richtig gut.

Wenn die Kollegen Problemchen mit den Notebooks hatten, dann haben wir Studenten geholfen. Schließlich waren Computer genau unser Ding. Tagsüber haben sich die normalen Mitarbeiter bei Dendrite damit beschäftigt und abends waren dann wir, die Studenten, dran. Wie man sich vorstellen kann, ist in den Abendstunden in Sachen Außendienst- und Kundenbetreuung eher wenig los. Und nun standen da diese Highend-Computer vor uns. Niemand würde abends damit arbeiten. Was macht eine Gruppe technikaffiner Jungs damit? Etwas Spannendes würde uns schon einfallen.

Jens Hilgers war ein Teil unserer Truppe von der abendlichen Hotline, mit der ich damals in meinem Job Zeit verbrachte. Gemeinsam fingen wir an, auf den Notebooks Spiele zu installieren. Schließlich wollten wir die Hardware ordentlich ausreizen – und nicht nur, um Datenbanken für Pharmariesen zu verwalten. Neben guten Notebooks verfügte das Unternehmen auch über ein blitzschnelles Netzwerk. Also konnten wir nun in den Abendstunden kleine private LAN[8]-Partys veranstalten und wurden dafür sogar bezahlt. Das waren meine ersten Berührungspunkte mit einem Multiplayer[9]-Modus.

Das war etwas anderes als das, was wir noch wenige Jahre davor gemacht hatten, etwa auf einem C64[10] *Summer Games* zu spielen oder später auf einem Amiga zu zocken. Früher hatte man ja eher gemeinsam vor demselben Gerät gesessen und wild Tasten gedrückt. Der Multiplayer, den wir nun hatten, war eine ganz andere Hausnummer. Jeder hatte eine Highend-Station nur für sich. Darauf konnten wir voll konzentriert gegeneinander spielen, mit eigenem Setup. Das war bahnbrechend, etwas völlig Neues für uns.

In dieser Zeit fingen wir auch an, uns privat zu treffen. Das galt vor allem für Jens und mich. Wir verbrachten damals viel Zeit miteinander und wurden echt gute Freunde. Er erzählte mir bald mehr über Hardcore-Gaming. Begriffe wie „Pro Gaming" oder „E-Sport" gab es damals noch gar nicht. Für mich war total spannend und interessant, was er erzählte. Jens hatte Ahnung vom Thema, von der Szene und dem ganzen Drumherum. Mein VWL-Studium dagegen war eher trocken und akademisch. Die Welt des Hardcore-Gamings war für mich eine willkommene Abwechslung. Allerdings hatte ich schon das passende Studium gewählt, denn ich verstand wirtschaftliche Zusammenhänge äußerst gut. Jens war eher der Techniker, der sich für Hardware, Software und Netzwerke interessierte. Später habe ich dann festgestellt, dass wir im Team sogar noch Menschen um uns hatten, die deutlich mehr Ahnung hatten als er, obwohl Jens da schon echt gut gewesen ist. Im Vergleich zu mir war er ein PC-Guru, der tiefe Kenntnisse von der Materie hatte.

Damals erzählte er mir von einer Webseite, an der er baute. Es ging um Gaming-News und aktuelle Meldungen zu Videospielen. Schließlich fragte mich Jens, ob ich nicht Lust hätte, bei dieser Seite mitzumachen. Damals ahnte ich nicht, dass dies der Grundstein für etwas Großes werden würde.

## Das Gamers Network

Ich musste nicht lange überlegen: Natürlich wollte ich mitmachen. Gaming war immer mehr zu einer Leidenschaft für mich geworden. Es war mehr als ein bloßes Hobby. Hardcore-Gaming, also das, was wir heute E-Sport nennen würden, nahm immer mehr von meiner Aufmerksamkeit und Lebenszeit in Anspruch. Aber was könnte ich bei diesem redaktionellen Projekt genau an Aufgaben übernehmen?

Als angehender Volkswirt konnte ich mich gut in wirtschaftliche Zusammenhänge hineindenken. Das fiel mir nicht nur leicht, sondern hatte mir auch schon vor meinem Studium richtig Spaß gemacht. Also könnte ich ja dafür sorgen, dass wir mit dem Projekt irgendwie Geld verdienten. Zuerst wusste ich noch nicht so recht wie, aber wenn Gaming[11] wirklich bedeutsam in meinem Leben werden sollte, dann musste es eben auch etwas Greifbares abwerfen.

Den wirtschaftlichen Aspekt hinter dem Gaming fand ich spannend, seit ich mich mit den Spielen beschäftigte. Doch die Welt drumherum sah das ganz anders. Unsere ersten Gespräche und das Vorfühlen mit Blick auf Sponsoring bei potenziellen Partnern brachte eher enttäuschende Reaktionen: „Hey, die kaspern mit ihrem Gaming bestimmt nur rum. Die wollen wir nicht", war wohl die vorherrschende Meinung.

Wir wollten es aber professionell aufziehen. Also haben wir uns hingesetzt und einen One-Pager für unser Projekt, unsere Webseite, geschrieben. Das ist ein kurzes, prägnantes Dokument, mit dem die wichtigsten Fakten und das Potenzial eines Business beschrieben werden. Unsere Seite hieß damals übrigens gamers.de. Wahrscheinlich war das nicht sehr kreativ, aber dafür äußerst einprägsam und eindeutig. In Sachen Views, also Seitenaufrufe, hatten wir damals noch nicht sehr aussagekräftige Zahlen. Sollten wir die eher rudimentären Daten also in den One-Pager reinnehmen, mit dem wir ja mögliche Partner von uns überzeugen wollten? Wir überlegten hin und her und stellten das Blatt schließlich fertig. Mit diesem handgestrickten Dokument sind wir, ein Haufen leidenschaftlicher Gamer, dann zur damals größten IT-Messe der Welt gefahren, der Cebit in Hannover.

Dort angekommen, gingen wir direkt auf alle möglichen Hersteller von Hardware zu. Man muss sich das mal vorstellen. Wir waren zu dieser Zeit mit wenig mehr als Leidenschaft, einem durchaus überschaubaren Konzept und ersten Ideen ausgestattet. Aber wir besaßen Selbstvertrauen, wussten um das Potenzial unserer Vorstellungen und wollten direkt den großen Wurf wagen.

All unseren Gesprächspartnern auf der Cebit erklärten wir, dass wir das nächste große, coole Ding seien. Gaming war in unserer Vorstellung der Entertainment-Markt der Zukunft und wir waren nicht nur mittendrin, wir waren das Epizentrum. Wir sprachen mit den Herstellern über Werbung und Geld. Wir forderten sie auf zu schauen, wo sie sich in unserer Welt einbringen konnten. Hinter den großen Zielen hatten wir noch ein paar kleinere Wünsche: Natürlich wollten wir zumindest ein bisschen Hardware erhalten, um die nötige Infrastruktur für unser Projekt zu haben. Außerdem würden wir mit Sponsoren über unsere Webseite auch mal eine Grafikkarte, ein Mainboard oder eine CPU[12] an unsere Leserschaft verlosen.

Diese Initiative war die Basis für alles, was danach kam. Es war der Anfang einer langen beruflichen Reise, einer prägenden Zeit im E-Sport. Mit dem damaligen Projekt, mit unseren Cebit-Gesprächen und den entstandenen Kontakten haben wir angefangen, uns ein Netzwerk aufzubauen. Wir sprachen mit vielen Menschen über unsere Idee und unsere Leidenschaft. Was wir damals spürten: Die Leute fanden uns cool, aber so richtig viel konnten sie mit Gaming-Punks wie uns eigentlich nicht anfangen. Bei uns kam das positiv an. Wir waren Überzeugungstäter und wenn Leute uns cool fanden, war das doch was. Es bestärkte uns darin, mit unserer Idee fortzufahren.

Wenn ich jetzt an jene Zeit zurückdenke, glaube ich: Wir lagen falsch. So richtig cool fand uns damals eigentlich niemand. Ich glaube eher, dass wir unfassbar penetrant waren. Die Gesprächspartner kamen gar nicht drumherum, mit uns zu sprechen, weil wir nicht lockergelassen haben. Vielleicht war ihr Einlenken, das Geld, die

Unterstützung eher eine Art Schweigegeld, damit wir endlich Ruhe gaben. Oder sie hatten irgendwann einfach Erbarmen mit diesen schrägen Gaming-Enthusiasten, die da ein komisches Ding machten.

Es war eine wilde Zeit. So etwas wie Customer-Relationship-Systeme, also Programme zum Verwalten geschäftlicher Kontakte, gab es da noch gar nicht oder sie waren unerschwinglich, wahrscheinlich eher Letzteres. Ich habe alles mit Zettel, Stift und später einem Moleskine-Planer notiert. Wenn jemand telefonisch nicht zu erreichen war, notierte ich mir das und versuchte es drei Tage später einfach wieder. Das war ein Pen-and-Paper-Vertrieb.

Nach dem eher ungeordneten und enthusiastischen Start haben wir irgendwann über die Leute nachgedacht, an die wir uns überhaupt richten sollten. Für wen waren wir eigentlich interessant? Heute würde man das Zielgruppenanalyse nennen. Für welche unserer Partner hatten wir eigentlich eine Zielgruppe im Publikum? Wer könnte unser Kunde sein? Wer könnte eine mögliche Marke sein, die zu uns passte: große Chiphersteller wie AMD und Intel oder eher deutsche Unternehmen aus der IT-Welt?

Vor drei Jahrzehnten sah die Computerwelt ganz anders als heute aus. Damals gab es einen Grafikkartenhersteller, den heute kaum noch jemand kennt. Der hieß Elsa und saß in Aachen. Außerdem gab es auch damals schon Nvidia, inzwischen einer der wichtigsten Technikkonzerne der Welt. Für Gamer war die Grafikkarte im Computer besonders wichtig, mit ihr stieg und fiel das Spielerlebnis. Und so waren diese beiden Firmen auch die ersten Marken, mit denen wir sprachen. Auf diese Weise fingen wir langsam, aber stetig an, uns ein Netzwerk aus Partnern zu knüpfen.

Früh stand auch der Peripherie[13]-Hersteller Cherry auf meine Liste der Partner, die wir dringend brauchten. Damals stellte Cherry einfach die geilsten Tastaturen her. Daher war das Unternehmen für uns nicht nur ein passender Partner, sondern auch aus technischer Sicht sehr relevant. Denn Cherry-Tastaturen hatten schon damals die mit Abstand besten Switches.[14] Diese Keyboards waren das Nonplusultra. Im Grunde besaßen alle Gamer, die etwas auf sich hielten, eine Cherry-Tastatur.

Beim Blick zurück fühle ich auch eine gewisse Nostalgie. Es gibt Partner, bei denen ich schon ganz am Anfang meines Werdegangs in der Gaming-Welt vorstellig wurde, so auch bei Cherry. Leider erfolglos. Sehr viel später konnte ich dann den folgenden Satz sagen: „Hey, hat mich ja nur 23 Jahre gekostet, euch als Partner zu gewinnen." Aber ich glaube, das zeigt ganz gut, wie wir damals drauf waren und was uns bis heute ausmacht. „Nein" ist keine Option. Du akzeptierst ein „Nein" einfach nicht als Antwort. So überzeugt waren wir schon damals von dem, was wir machten – und das hat sich bis heute nicht geändert.

Es gibt jedoch einen großen Unterschied zwischen der Anfangszeit und heute: Damals waren wir zwar schon genauso überzeugt von uns, aber wir wussten nicht, wo der Weg hinführen sollte. Jens war bei uns immer der Typ, der sich um das Business-Development und die Visionen kümmerte. Ich kenne kaum jemanden, der das stärker macht als er. Deswegen wundert es mich auch nicht, dass er 25 Jahre später mit BITKRAFT ein Unternehmen aufgebaut hat, das die Visionen anderer Menschen bewertet und entsprechend Geld und Know-how zur Verfügung stellt, wenn diese Visionen Wirklichkeit werden könnten. Jens' Unternehmen stellt heute Risikokapital für aufstrebende Gaming- und Web-Start-ups zur Verfügung. Es ist in diesem Bereich absoluter Marktführer.

Go-to-Market war wiederum nicht so der Fokus von Jens. In unserem Team stand ich von Anfang dafür, dass man echtes Geschäft in die Praxis umsetzt. Meine Stärke lag darin zu erkennen, was Partner haben wollten und was für sie sinnvoll war, um dann zu prüfen, was davon auch kommerziell nutzbar sein konnte.

Neben Jens und mir gab es noch Marco Dohmen für redaktionelle Inhalte, Jan Philipp Reining, der wie kein anderer Website-Programmierung und Website-Design miteinander in Einklang bringen konnte, sowie Björn Metzdorf, ein Mastermind im Bereich Website-Programmierung und Servernetzwerke.

Ralf Reichert, bis vor kurzem Chef der ESL[15], stieß erst im März 2000 zu uns. Er war in unserem Fünfer-Team ein Nachrücker für Marco, der damals ausgestiegen ist. Ralf brachte viele Fähigkeiten mit, die für uns wichtig waren. Über Ralf werde ich später noch mehr schreiben. Im Moment ist jedoch folgender Punkt entscheidend: Unser Anfangsteam setzte sich aus Menschen zusammen, die unterschiedliche Stärken mitbrachten. Ralf stand bei uns für die Strategie und ihre stringente Umsetzung. Bis heute sind wir drei – Ralf, Jens und ich – wahrscheinlich die wichtigsten Köpfe im europäischen E-Sport. Vor allem, weil wir den E-Sport im europäischen Raum etabliert haben.

Natürlich gab noch andere Wegbegleiter, Leute, die gut und relevant waren. Aber Jens, Ralf und ich waren eine Kombo, die sich unfassbar gut ergänzt hat. Ich glaube sogar, dass diese persönliche Chemie ein bisschen das Geheimnis des E-Sports in Europa ist. Wir haben einfach gut zusammen funktioniert.

Jens hat das Projekt hinter gamers.de nie ruhen lassen. Es war von Anfang sein Ding, sich da hineinzudenken. Die Idee war, um die bereits bestehende Community herum weitere Bereiche aufzubauen. Heute würde man das Business Development nennen. Damals haben wir einfach losgelegt, ohne wohlklingende Namen für alles zu haben.

Wir haben uns dann auch in der Community umgeschaut, um Menschen zu finden, die Bock darauf hatten, speziellere Seiten zu erstellen und Content zu schreiben. Da gab es tatsächlich einige, die Lust auf *Half-Life* und die darauf basierende Modifikation der Community,

*Counter-Strike*, hatten, Jens wiederum war mehr auf dem *Quake*-Zug aufgesprungen. Wieder ein anderer hat cheaters.de gestartet und mit Inhalten gefüllt. Halt alles, was man sich so vorstellen kann, was Gamer so brauchen, wenn sie auf einer LAN-Party unterwegs sind und sich inhaltlich mit ihrem Hobby befassen möchten.

Diese Menschen aus der Community konnten Webseiten bauen, sie konnten Content erstellen. Aber was ihnen allen fehlte: Sie wussten nicht, wie man Geld damit verdienen sollte. Das Hobby zum Beruf zu machen, war damals enorm schwierig. Keiner von denen konnte die eigene Idee und das eigene Handeln in Geld umwandeln. Dazu waren die Einzelprojekte auch schlicht zu klein. Als Marketingverantwortlicher eines Brands wie Intel kannst du dich nicht mit vielen kleinen Websites und deren Ansprechpartnern beschäftigen.

Das war der Anknüpfungspunkt für Jens. Er meinte, dass er für diese fehlende Verbindung von Wissen, Content und Geld eine Lösung habe – nämlich mich. Ich sollte es schaffen, aus den Inhalten ein sinnvolles Gebilde zu bauen, das kommerziell funktionierte. Denn je mehr Webseiten wir im Netzwerk hatten, desto weiter strahlte unser Angebot. Außerdem konnten die Webseiten sich untereinander ergänzen. Nehmen wir ein Gewinnspiel. Klar konnten wir eine Grafikkarte auf einer Webseite verlosen. Cooler wäre es aber, drei Grafikkarten auf drei unterschiedlichen Webseiten zu verlosen, während die Webseiten miteinander verlinkt waren. So ist schließlich das Gamers Network entstanden.

Das war in seiner ursprünglichen Form einfach ein loser Zusammenschluss. Wahrscheinlich war es – dem Gesetz nach – bereits eine GbR.[16] Juristen würden auf Risiken hinweisen, gegenseitige Haftung und so weiter. Aber ganz ehrlich, das wussten wir damals nicht. Und es war uns auch egal. Wir hatten einfach Bock auf Sachen mit Gaming. Wir alle hatten Studentenjobs und dabei häufig wenig zu tun. Also haben wir einen großen Teil der Zeit in unser privates Projekt gesteckt. Wir haben Tag für Tag geguckt, dass es immer ein Stück weiter vorankommt. Mit der Zeit wuchs das Gamers Network. Wir haben immer häufiger Treffen im Netzwerk organisiert. Offline, im echten Leben – meistens bei Jens, östlich von Köln, in Bergisch Gladbach.

Bei diesen Treffen kamen die Webseitenbetreiber unseres Netzwerks zusammen, um zu fachsimpeln und sich auszutauschen. Es ging aber nicht nur um Ideen und den Austausch, sondern auch darum, als Gleichgesinnte eine gute Zeit miteinander zu verbringen. Es war gesellig. Wir waren jung und lebenslustig.

Über diese Aktivitäten wuchs ein Team heran, das wiederum unsere Fortschritte beschleunigte. Jens hatte immer diesen Drang, das Ganze weiterzudenken und anzutreiben. Er gab neue Impulse und es lief immer weiter in die richtige Richtung.

Schröt Kommando, das wir heute als SK Gaming kennen, war damals noch kein Thema. Ich kannte Ralf und die Jungs und dachte, dass es ganz cool sei, was SK da so machte. Aber einen direkten Kontakt gab es vor Februar 2000 noch nicht.

Die Idee des Gamers Network war zuallererst noch ein Konstrukt von Idealisten, nun war es aber an der Zeit, dieses in Verträgen zu verankern. Jedes Projekt hatte sein eigenes Redaktionsteam. Wenn es um Vermarktung oder technische Weiterentwicklung ging, dann gab es zentrale Anlaufstellen im Netzwerk.

Jens hat sich im Jahr 1999 zusammen mit der Net Brain AG aus Trier hingesetzt, um eine Zusammenarbeit auszuloten. Net Brain hatte eine große Gaming-Webseite, das würde gut zu unserem Projekt passen. In Trier hatten sie großes Interesse daran, mit uns einen gemeinsamen Weg zu gehen. Sie waren vor allem richtig gut in klassischer Werbevermarktung, verkauften zum Beispiel Werbebanner auf ihrer Webseite und verdienten damit gutes Geld. Mit uns wollten sie zusätzliches Inventar in ihr Portfolio aufnehmen, also Reichweite gewinnen. In unseren Augen war das eine Win-Win-Situation.

Also haben wir uns als Team hingesetzt und das besprochen – und kamen zu dem Ergebnis, dass wir mit der Net Brain AG zusammenarbeiten wollen. Ziel war es, unter das Dach des Unternehmens zu schlüpfen und so ein noch größeres Netzwerk zu schaffen. Es sollte ein

Deal sein, bei dem wir alle unsere Rechte ins Netzwerk einbringen. Wir setzten die Gamers Network GmbH auf, in der nun alle Projekte, die wir bis dahin bereits zusammengeführt hatten, aufgingen, und beteiligten die Net Brain AG dann an dieser Gesellschaft. Wir haben dieses Netzwerk dann kontinuierlich ausgeweitet, immer mehr Webseiten aufgesetzt und zusätzliche Sites eingebunden. Die Net Brain AG wiederum hat über ihre Massenvermarktung Geld reingespielt, eher unpersönlich. Große Kampagnen, die eine Menge Page Impressions benötigten und somit zu groß für einzelne Seiten waren. Im Netzwerk hingegen, also auf allen Seiten gleichzeitig ausgespielt, konnten wir diese Kampagnen abbilden und die gewünschten und bezahlten Zahlen auch erreichen. Ich entwickelte das Marketing weiter, mit speziellen Inhalten, die genau auf bestimmte Webseiten gemünzt waren, nicht nur ein Banner links, ein Banner rechts, hier eine Kampagne, dort eine Kampagne. Dabei waren wir immer möglichst nah am Kunden, wollten also keine Inhalte aus der Schublade anbieten, sondern die Contents sinnvoll miteinander verweben. Gewinnspiele im gesamten Netzwerk schickten den Leser auf die Reise, er musste mehrere unserer Seiten besuchen, um erfolgreich teilzunehmen, und somit erzeugten wir mehr Page Impressions, was dann zum Erfolg der klassischen Werbebuchungen beitrug.

Durch unsere Konzepte, Ideen und Inhalte haben wir als eigene Business Unit der Net Brain AG fungiert, die lediglich aus Trier bezahlt wurde. Sie waren einfach nur Sales, wir waren echtes Marketing. So waren wir von 1999 an aufgestellt.

Mit diesem Setup ging es ab dem letzten Quartal 1999 richtig los. Wir haben unter anderem als Gamers Network GmbH gemeinsam mit einem Hardware-Hersteller eine große Veranstaltung, eine LAN-Party, organisiert, damals eine der größten im Gaming-Kontext in ganz Deutschland. Im Dezember 1999 holten wir 1300 Spieler nach Duisburg, in die Kraftzentrale im Landschaftspark. Die „Gamers Gathering" – so hieß das Event – war für damalige Verhältnisse etwas richtig Großes.

Die LAN war aber nicht nur groß, sondern auch anstrengend, schwierig und anspruchsvoll. Damals gab es keine Plug-and-Play-Geräte.[17] Es war passend, dass *Quake 3* genau zum Zeitpunkt der LAN-Party offiziell herauskam. Das war nicht irgendein Computerspiel, sondern quasi die Mutter des E-Sports. Es war ein reines Multiplayer-Spiel. Damals haben sich die besten Organisationen der Welt genau in diesem Spiel beziehungsweise den Vorgängern gemessen.

Für *Quake 3* hatten wir die ersten Versionen Deutschlands erhalten. Direkt vom Distributor des Spiels für Deutschland, Activision. Das war quasi der Ableger von id Software[18] für Deutschland. Diese Spiele in den

Händen zu halten, war etwas Besonderes, wir konnten bereits zu einem sehr, sehr frühen Zeitpunkt ein Turnier in *Quake 3* veranstalten. Wenn man sich überlegt, welche revolutionäre Rolle *Quake 3* fürs Gaming hatte, war das schon eine besondere Ehre.

Für uns war die Gamers Gathering eine Wahnsinnserfahrung. Sie dauerte von Freitag bis Sonntag. Außerdem hatten wir bereits Partner für das Event gewonnen, unter anderem zwei Publisher, cdv Software und EA, sowie den Grafikkartenhersteller Elsa und Jolt Cola. Jolt war für uns immer flüssiges Platin, eine leckere Koffein-Cola, verpackt in schwarzen Dosen. Die kennt heute wahrscheinlich niemand mehr. Die Firma existiert auch nicht mehr.

Eine Anekdote zu Plug-and-Play: Die Kraftzentrale, unser Veranstaltungsort in Duisburg, war nicht auf die Stromanforderungen von 1300 Computern ausgelegt, insbesondere die Sicherungen nicht. Es war eine beeindruckende alte Industriehalle, die sich für viele spannende Dinge anbot. Mercedes Benz, bis heute ein wichtiger Partner und Wegbegleiter von SK Gaming, hatte dort seine damals neue A-Klasse vorgestellt. Dafür war die Halle prima geeignet. Aber eben nicht für eine LAN-Party mit mehr als 1000 Gaming-Verrückten und ihrer Hardware.

Wir hatten alles so gut geplant wie möglich, aber trotzdem gab es in der Kraftzentrale immer wieder Kurzschlüsse. Nicht nur einen, sondern sehr viele, ständig. Sehr nervtötend für Gamer, die eigentlich spielen wollten. Wir mussten das Problem lösen. Die erste Nacht verbrachten wir mehr oder weniger unter den Tischen. Wir haben alle Stromkreise neu gemacht, alles neu verdrahtet und ein neues Setup gebaut. Aber mit der damaligen Technik war das gar nicht so einfach. Wenn man 100 Monitore und 100 Computer dicht beieinander gleichzeitig anschaltet, dann ergibt das ein Wellensignal, das ins Stromnetz fährt. Das Wellensignal kommt dann zurück und führt zu Kurzschlüssen. Deshalb fingen wir an, die Computer geordnet und koordiniert nacheinander hochzufahren. Wenn man das gleichzeitig gemacht hätte, wäre das Netz wieder „durchgeknallt".

Also sprachen wir mit der örtlichen Feuerwehr und einigten uns auf einen Deal – ein echtes Entgegenkommen seitens der Brandschützer. Denn unsere Lösung bestand darin, die Sicherungen einfach zu überbrücken. Recht unkonventionell, aber die Feuerwehr fand unser Event ziemlich geil und wir beschlossen, gemeinsam Wache beim Sicherungskasten zu schieben, das gesamte Wochenende. Für 1300 Computer. Die Feuerwehr hat dann einen ihrer Männer neben die Sicherungen gesetzt, der die ganze Zeit aufgepasst hat, dass nichts passiert. Für unseren Strompartner Yello war es natürlich marketingtechnisch doof, dass ständig die Sicherungen rausgeknallt waren und „Wir wollen Strom"-Sprechchöre durch die Halle schallten, bevor wir die rettende Idee hatten. Aber wirklich gestört hat uns das nicht. Für die Teilnehmer und uns hatte die LAN-Party auch etwas von einem Festival. „Strom ist ausgefallen? Scheiß drauf. Kriegen wir schon irgendwie wieder hin."

Neben dem Stromproblem gab es noch eine andere Hürde: das Ordnungsamt. Wir hatten die klare Ansage bekommen, dass USK[19]-18-Titel verboten sind. Für uns war das vor dem Event zum Glück ein kleineres Problem. Denn die neue *Quake*-Version war noch gar nicht offiziell auf dem Markt und somit noch nicht durch die USK geprüft worden. Im Internet gab es eine Demo[20]-Version des Spiels mit wenigen spielbaren Maps. Das war cool im Hinblick auf unsere LAN-Party. Diese Version hatte zwar nur drei bis vier spielbare Karten, aber aufgrund der fehlenden USK-Prüfung durften wir sie nutzen. Es gab keine rechtliche Handhabe, die Nutzung des Spiels zu unterbinden – im Gegensatz zu vielen anderen Spielen damals.

LAN-Party: check. Cooles Spiel als exklusive Demo-Version: check. Und nun? Teil unseres Netzwerks war damals auch schon die DeCL, die Deutsche Clanliga, eine Art Bundesliga, wenn man so will. Für das Projekt war Jan Philipp Reining maßgeblich verantwortlich. Das war schon damals ein spannendes Produkt mit einem wirklich geilen Logo.

Wir trugen das Finale der DeCL im Spiel *Quake* auf unserer LAN-Party aus. Das war für uns nicht nur eine große Ehre, sondern auch ein echtes Ereignis im Gaming. Es trafen zwei in Deutschland und darüber hinaus legendäre Teams aufeinander. Einmal das Schröt Kommando, das beste Team im Spiel *Quake 1*. Auf der anderen Seite stand Mortal Teamwork, vielen besser als mTw bekannt, denen in *Quake 2* niemand etwas vormachen konnte. Nun würde das Finale im neuen *Quake 3* darüber entscheiden, wer sich das beste *Quake*-Team nennen durfte. *Quake 3* war der neue Standard. In ihm sollte geklärt werden, wer die Besten waren.

Natürlich sollten auch die Besucher der LAN etwas davon haben, wenn schon so viele Gamer in Duisburg waren. Also planten wir eine Live-Übertragung auf der großen Leinwand. Wir dachten an die große Bühne und alles, was dazugehört. Letztlich saßen lediglich die acht Spieler im LAN-Bereich, die im Modus vier-gegen-vier antraten. Und gleichzeitig stürmten knapp 1300 Menschen in Richtung der Bühne und feuerten die beiden Teams an. Mit allen Emotionen, die man auch aus großen Sportarenen kennt. Es war der Wahnsinn.

Für mich war das der erste echte Moment im frühen E-Sport. Der „True Moment", in dem ich kapierte, was da eigentlich gerade passierte, in dem ich verstand, was vor uns lag. Wir haben es zwar noch nicht E-Sport genannt, aber genau das war es. Später würden wir als Erste in Europa das Wort verwenden, aber so weit waren wir begrifflich damals noch nicht. Jetzt ging es erstmal ums Verarbeiten des Erlebten. Trotzdem wusste ich, dass da gerade etwas Besonderes passierte.

Da *Quake 3* nicht wahnsinnig komplex ist, verstanden die Zuschauer schnell, worum es ging, auch diejenigen, die es noch nie gespielt hatten. Gerade im Modus vier-gegen-vier geht es um Dinge wie das Quad, die Mega Health und ein, zwei andere Gegenstände, die man einsammelt, um das eigene Team zu pushen.

Es machte wahnsinnig viel Spaß, sich das Spiel anzuschauen. Nicht allein, sondern gemeinsam in einer riesigen Halle voll feiernder, jubelnder Menschen. Acht von diesen Menschen waren Spieler. Und ich wusste sofort, dass ich für ein bestimmtes Team bin. Wie ein Fan, der seiner Lieblingsmannschaft zuschaut. Bei mir war es das Schröt Kommando (SK). Dabei hatte ich mich vorher nicht groß mit den Teams befasst. Aber mein Herz schlug für SK, das spürte ich von der ersten Sekunde an und ich spüre es noch heute exakt so wie damals.

## Eine Legende entsteht: SK Gaming

Als SK dann das Finale der DeCL gewann – auf unserer LAN-Party – sprach ich das erste Mal mit den Gründern, die hinter dem Clan standen. Es war ein Moment, der mein Leben veränderte. Meine ersten Gespräche mit Ralf Reichert und seinem Bruder Benno haben nicht nur in meinem Leben, sondern auch in der Welt des E-Sports sehr viel in Bewegung gebracht.

Wir hatten dasselbe Gamer-Gen und kamen auch aus derselben Region, wenn man den Westen Deutschlands als eine Region betrachtet. Die Jungs stammten aus Oberhausen, also direkt um die Ecke von Köln, wenn man so will. Zwischen uns herrschte direkt ein Gefühl der Verbundenheit. Ich dachte direkt: „Coole Junx".

Es war erstaunlich, was sich um unsere schnell aufgezogene Gaming-Firma auftat. Wir hatten eine klare Vision. Jens war ein Vorreiter des Gamings im deutschen Sprachraum, als Team aber waren wir nun international bekannt.

Es fühlte sich wie ein Sog an: Ich war unterwegs zwischen diesen großartigen Menschen und in einem Movement, von dem ich verstanden hatte, dass es auch ein Produkt war, das nur an die Gamer gebracht werden musste. Ein emotionales Produkt. Ich spürte, dass ich hier etwas bewegen und aufbauen konnte. Das hat mich angetrieben.

Dass eine große Zukunft vor mir lag, war damals eher ein vages Gefühl. Was ich mir gewünscht hatte, war greifbar. Ich hatte die Chance, meine eigene Karriere zu gestalten und voranzutreiben, mich voll zu entfalten. Diese Phase, diese Gelegenheiten haben aus mir den Menschen gemacht, der jetzt hier sitzt und ein Buch schreibt. Seit der Gründungszeit ist kein Tag vergangen, an dem ich nicht richtig Bock auf E-Sport und die Projekte und Ideen hatte, die mit ihm zusammenhängen. Ich freue mich jeden Morgen, wenn ich aufstehe, weil ich das Ding weitertreiben kann.

Zurück also in diese Zeit der unbegrenzten Möglichkeiten: Ich war unterwegs mit Typen, die Potential hatten. Die Erfahrungen, die wir gemeinsam einbrachten, waren so wild zusammengewürfelt wie unsere Qualifikationen. Aber wir waren uns alle direkt sympathisch und so wuchsen wir immer enger zusammen.

Meine Zeit mit der Net Brain AG war dann superinteressant und intensiv. Unsere Firma hing zwar an den Kollegen in Trier, wir bezogen aber unser erstes Büro in Refrath, also Bergisch Gladbach bei Köln. Es ging direkt großzügig zu. Wir hatten 2000 Quadratmeter, ein richtiges Büro. Wir bestellten Firmenwagen – was auf uns fast surreal wirkte. Bei mir stand da auf einmal ein Audi A3, ein 1,8-Liter-Benziner. Ein geiles Ding mit 150 PS, silbern außen, innen in Blau gehalten, teilweise Velourleder. Heute würde man wahrscheinlich darüber die Nase rümpfen, aber damals waren wir damit die Kings – oder so fühlten wir uns zumindest. Jens hatte gleich noch heftiger zugeschlagen, bei ihm war es ein RS 3, also eine richtige Rennmaschine.

Im Februar 2000 traf ich mich dann mit Ralf Reichert. Mein Ziel war es, ihn weg vom Schröt Kommando zu uns ins Team zu holen. Ralf sollte ein Teil des Gamers Network werden. Er hatte die gleiche Vision wie wir, war kompetent.

Ralf sollte vor allem unseren Zugang zu den Clans und zur Community insgesamt verbessern. Wir hatten dieses Movement auf unserem Event gesehen und wollten mehr davon in unserer Company haben.

Wir trafen uns in Köln, und zwar mitten im Karneval. Es war der Veilchendienstag, als Ralf und ich uns in einem Café auf der Ehrenstraße zusammensetzten. Das weiß ich noch, als ob es gestern gewesen wäre. Kaffee haben wir nicht getrunken, dafür aber ein Kölsch nach dem anderen. Ich habe dann sofort gesagt, was ich mir wünschte und vorstellte.

Ralf hatte aber andere Pläne. Gaming war für ihn nur ein Hobby. Er wollte Quality Assurance bei BMW in Oberhausen machen. Das war sein beruflicher Weg. So dachte er zumindest zu jener Zeit. Es folgten weitere Kölsch und logischerweise wurde das Gespräch immer besser und intensiver. So kamen wir ab vom Gamers Network und sprachen auch über die Deutsche Clanliga und natürlich auch über Schröt Kommando. Ralf und ich erkannten immer mehr, dass wir uns gegenseitig bei unseren Projekten helfen konnten und vor allem wollten. Ich als Unterstützer des Schröt Kommando, er als Teil des Gamers Network. Aus dem Kölsch-Treffen wurde ein beruflicher Versuch: Ralf fing als Praktikant bei mir im Marketing an. Praktikant, rückblickend klingt das schon witzig. Ich glaube, er war noch nicht ganz überzeugt von uns und wollte sich so ein Hintertürchen offenhalten, um bei Nichtgefallen auch wieder aussteigen zu können und doch bei BMW anzuheuern.

Gemeinsam überlegten wir, wie wir den gesamten Bereich – ich glaube, wir haben das damals Competitive Gaming genannt – nach vorne bringen konnten. Wir wussten natürlich, dass es in Nordamerika teilweise schon hervorragend lief, dass dort ein richtiges Business entstanden war. Da gab es nämlich eine große Organisation, einen Turnierveranstalter, die CPL.[21] Das schauten wir uns an und überlegten: Warum soll es nicht auch bei uns klappen, wenn es in Amerika funktioniert? Wieso sollten wir ein solches Format nicht auch hier aufziehen? Also sind Jens und ich kurzerhand nach Dallas geflogen und haben Angel Munoz getroffen. Angel war der Urvater der CPL, der Cyberathlete Professional League, die er kurz zuvor gegründet hatte.

In Texas unterbreiteten wir Angel unseren Vorschlag. Es wirkt immer noch verrückt. Damals war es eine große Sache, nach Amerika zu fliegen, um über Gaming zu sprechen. Wir hatten sogar extra einen Meetingraum in einem Hotel angemietet. Dallas, 40 Grad Außentemperatur und maximale Klimaanlagenkälte drinnen. Wir zeigten Angel alles, sogar mit einem kleinen Film. Und er fand uns auch cool, war aber ehrlich: In Europa würde er schon mit jemand anderem zusammenarbeiten und eine Kooperation sei daher schwierig bis ausgeschlossen. Eine weite Reise für eine nüchterne Erkenntnis.

Wer aber war dieser Kooperationspartner? Warum hatten wir noch nichts davon gehört? Anders als heute flogen uns die Informationen nicht wie von selbst zu. Wir mussten mühsam recherchieren und nachfragen. Henrik Skov Andersen hieß der Kerl, ein Däne, der die europäischen Lizenzen für die CPL nun hielt. Noch in Texas einigten wir uns mit Angel, dass wir uns einmal mit Henrik zusammensetzen würden. Schließlich hatte Henrik zwar die Lizenzen, aber noch keinerlei konkrete Ideen für die Umsetzung. Zumindest wussten wir von nichts und wir waren schließlich das Zentrum des E-Sports in Europa.

Diese Zustimmung aus Amerika war für uns ein positives Signal. Es war zwar nicht das, was wir uns vor dem Hinflug erhofft oder vorgestellt hatten, aber aufhalten würde uns eh niemand. Schließlich fühlten wir uns als Könige der Welt. Und das lag nicht nur an den Dienstwagen. Es lag auch nicht an den übergroßen Cowboyhüten, die Jens und ich uns auf dem Rückweg von Dallas noch gekauft hatten. Noch am Abend unserer Rückkehr aus den USA gingen wir mit den anderen in den Club Lulu in Köln, die Veranstaltungsreihe hieß „Funky Chicken". Ziemlich angesagt und sicher auch etwas extravagant. Zwei Spinner mit übergroßen Cowboyhüten fielen da nicht sonderlich auf...

Es war beruhigend zu sehen, dass Henrik von unserem Geschäft so gut wie nichts verstand. Wir trafen ihn kurz nach unserer Rückkehr aus Dallas und merkten schnell, dass er sich mit Industriedesign gut auskannte, von Gaming aber absolut keine Ahnung hatte. Henrik besaß aber einen guten Riecher und hatte gemerkt, dass irgendetwas im Gaming schlummerte. Ihm fehlten jedoch der Zugang und die fachliche Kompetenz. Das war eine gute Ausgangslage. Er finde Gaming cool, sagte Henrik. Er wisse nur nicht so recht, was er damit machen solle. Das sei ja unsere Leidenschaft. Schnell kamen wir zusammen. Er gab uns als Erstes seine Lizenz, damit wir mit ihr arbeiten konnten. Mit diesem Produkt stieg auch Ralf richtig bei uns ein – nicht mehr nur als Praktikant. Das war auch die Zeit, in der wir einen neuen Gesellschafter und Mitinhaber brauchten. Marco wollte das Team verlassen, denn zur Wahrheit gehört, dass er sich mit Jens überworfen hatte. Marcos Rolle als Gesellschafter war deshalb vakant. Es war mir wichtig, Ralf zu uns ins Team zu holen, damit er den Spot von Marco übernahm.

Mit der CPL-Lizenz in den Händen haben Ralf, Jens und ich dann gemeinsam überlegt, was wir damit machen können. Wie sollte etwa das erste Event aussehen? Was war alles zu bedenken? Wie konnte aus einer coolen Idee ein noch besseres Produkt, vielleicht eine ganze Serie an Events werden? All diese Dinge schwirrten uns durch den Kopf. Die Könige der Welt wollten Großes bewegen.

Dann ging alles sehr schnell. Unsere Leidenschaft, gepaart mit der Lizenz und einem Superteam, führte zur ersten CPL Europe, abgehalten im Event Center Rheinauhafen in

Köln. Das war im Dezember 2000. Ich bekomme immer noch Gänsehaut beim Gedanken an diese Zeit. Unsere CPL trugen wir in den Spielen *Quake 3* und *Counter-Strike* aus.[22] Auch wenn wir wahnsinnig schnell waren, brauchte das Event doch einen monatelangen Vorlauf. Es ging darum, Partner, Sponsoren und Turnierunterstützer zu finden. Außerdem mussten wir bei der Location auf ein vernünftiges Kosten-Nutzen-Verhältnis achten und auch schauen, wie wir mit Preisgeldern umgehen würden. Alles in allem war das schließlich unser erstes richtiges Pro-Gaming-Turnier, ein weiterer großer Schritt nach dem Duisburger Event.

Es ging für uns darum, in Europa ein Standing aufzubauen und zu zementieren. Als Company mussten wir Relevanz und Sichtbarkeit schaffen. Daher war das Event äußerst wichtig für uns.

Neben der Arbeit am ersten CPL-Turnier begannen wir parallel auch die Vermarktung von Schröt Kommando, also des Teams. Schließlich war es Ralfs und mein Baby und wir mussten auch hier vorankommen. Da war zum Beispiel die Namensgebung. Schröt Kommando (oder Schroet Kommando) war zwar ein richtig cooler Name mit einem direkten Bezug zu *Quake 3*, aber nach außen eher schwierig zu vermitteln. Er klang martialisch, zu militärisch und war gleichzeitig zu erklärungsbedürftig.

Wir beschlossen: Eine Abkürzung in Form eines Akronyms wäre eine gute Sache. Ninjas in Pyjamas oder

Mortal Teamwork hätte zum Beispiel auch keiner ernst genommen, wenn die Namen ausgeschrieben worden wären. NiP und mTw wiederrum waren und sind teilweise noch heute anerkannte Marken im E-Sport.

Wir nannten uns also SK Gaming. SK für Schröt Kommando und Gaming, weil es damals noch eher Pro-Gaming und nicht E-Sport hieß. Auf diese Weise haben wir nie unsere Wurzeln verraten. Schröt Kommando ist nach wie vor Kern der SK-Gaming-DNA. Wir sind unserem Weg immer treu geblieben.

SK Gaming war geboren.

Wir werden immer wieder gefragt, wofür „Schröt Kommando" eigentlich steht. Nun, da haben wir zum einen das Wort Schröt selber, eine Ableitung der Munition der Shotgun. Wir haben weiter oben kurz über *Quake* gesprochen und wie es im Team gespielt wird. Dabei gibt es ein wichtiges Item, das aufgesammelt werden muss, das sogenannte Quad. Einmal vom Spieler aufgenommen, verursacht er für einen bestimmten Zeitraum mit jedem Treffer den vierfachen Schaden. Bei uns war es eben so, dass der Spieler Musa jedes Mal, wenn er das Quad aufnahm, auf die Shotgun als Waffe wechselte und dann laut „Schröt, Schröt, Schröt" rief. So war jeder gewarnt. Achtung, Musa hat das Quad, also ihm besser aus dem Weg gehen.

Dazu gesellte sich eine gewisse Faszination für den 1985 erschienen Film *Phantom Kommando* mit Arnold Schwarzenegger in der Hauptrolle. Heute halte ich die

Tatsache, dass wir das im Namen führen, eher für ein Meme, und zwar bei beiden Begriffen. Aber treu sind wir uns geblieben, das kann niemand abstreiten.

## LAN-Partys und Rivalitäten

Markentechnisch waren wir nun also auf einem guten Weg. Wir waren cool, wild und mit dem Blick Richtung Zukunft unterwegs. Allerdings muss man aufpassen, dass man nicht zu sehr als Punk um die Ecke kommt, wenn man mit Sponsoren spricht.

Auch unsere Turnier- und Ligaprodukte entwickelten wir weiter. So wurde aus der europäischen CPL, der DeCL und der Gamers League nach und nach die ESL. Im Jahr 2000 holten wir die CPL-Lizenz nach Europa, schärften das Profil der Company, entwickelten neue Produkte und kurbelten die Vermarktung samt Geldströmen und Sichtbarkeit an. Aber darauf werde ich später noch im Detail eingehen. Erst einmal ist wichtig, wie sich die Zusammenarbeit mit der Net Brain AG weiter gestaltete.

Wir waren damals noch in der Aufbauphase. Vieles lief schon rund, aber wir waren nach wie vor auf die Net Brain AG angewiesen, vor allem hinsichtlich der klassischen Vermarktung normaler Werbebannerplätze. So sollte der Großteil des Geldes in unsere Company kommen, mit dem wir ein Budget für unsere Planungen aufstellen würden. Die

Vermarktung, die in meiner Verantwortung lag, sollte nach und nach so aufgebaut werden, dass sie den klassischen Teil ablösen konnte.

Genau zu jener erfolgskritischen Zeit beging Jens einen großen Fehler. Das sehe zumindest ich so. Er hat all das, an dem wir gemeinsam arbeiteten, immer mehr als eine Art One-Man-Show betrachtet. Ich habe den Eindruck, dass ihm sein Ego ein bisschen im Weg stand. Das brachte schlechte Stimmung in die Company.

Wir anderen merkten jedenfalls, dass der Geldfluss von der Net Brain AG an uns nicht so regelmäßig war, wie es im Vertrag stand. Das betraf nicht nur das Geld zur Weiterentwicklung der Company, sondern auch unsere Gehälter. Darauf angesprochen, war Jens immer kurz angebunden.

Wir schauten uns das eine Weile an, setzten uns dann zusammen und sagten zu Jens so etwas wie: „Hey, hör mal zu. Wir haben das Gefühl, dass hier etwas nicht stimmt." Wir fanden heraus, dass Jens deutlich größere Anteile an der Net Brain AG versprochen bekommen hatte als wir, die anderen Mitglieder des Teams, obwohl wir alle mal auf Augenhöhe gestartet waren. Der eigentliche Deal zwischen der Gamers Network GmbH und der Netbrain AG war so strukturiert, dass die Gamers Network GmbH im Hinblick auf Rechte und Pflichten komplett zur Netbrain AG gehörte, diese dafür der alleinige Gesellschafter werden würde und wir als Gründer im Gegenzug Anteile an der Netbrain AG bekamen. Etwas komplex, aber im Grunde doch sehr einfach. Der Prozess zog sich durch das ganze Jahr 2000 und wurde nie vollständig abgeschlossen – glücklicherweise, wie sich später herausstellte. Darüber hinaus waren die operativen Verhältnisse das Gegenteil von dem, was eigentlich vereinbart worden war. Die Net Brain AG verdiente Geld über unsere Webseiten.

Wir wussten: Es gab Werbebanner auf unseren Seiten, auf denen Kampagnen von Kunden gebucht worden waren. Doch das Geld erreichte uns nicht. Diese Tatsache ließ uns schlussfolgern, dass die Net Brain offenbar unsere Gelder brauchte, um sich selbst zu stützen. Das war genau das Gegenteil dessen, was wir geplant hatten. Unser Geschäft hielt ihren Laden am Laufen.

Der ganze Deal wirkte immer merkwürdiger, je genauer ich draufschaute. Organisatorisch war noch nicht alles abgewickelt. Die Zuteilung der Aktien an uns war zum Beispiel noch nicht vollzogen. Also setzten wir uns zu fünft zusammen und führten einige klärende, offene Gespräche. Schließlich hatten wir innerhalb kurzer Zeit schon 30 bis 35 Angestellte und damit auch eine soziale Verantwortung. Wir haben uns auch rechtlichen Beistand geholt. Etwa, um Ausfallgelder und Haftungsthemen zu klären. Im Ergebnis stand für uns fest: Wir mussten die Gamers Network GmbH in eine kontrollierte Insolvenz führen, um neu zu starten. Für uns war dabei unter anderem wichtig, dass Jens nach der Insolvenz weiter als

Geschäftsführer arbeiten konnte und nicht haften musste. Einer für alle, alle für einen.

Wir haben dann unser internes Konstrukt nochmal überarbeitet. Wir wollten an Jens festhalten, er war der Urvater von allem. Wir standen ihm zu, dass er marginal mehr Anteile bekam als die anderen drei (die mittlerweile auch Partner geworden waren) und ich. Er aber wollte mehr. Sein Vorgehen war ein echter Dick Move, es war großkotzig.

Wir haben dann Klartext mit ihm geredet. „Ey, Jens, wir sind ein Team. Wir wollen das zusammen machen, aber nur so, dass alle dabei sind." Sowas kostet Kraft, das sind harte Konflikte. Schlussendlich musste Jens klein beigeben. Er merkte, dass er zwar der Frontmann war, dass es aber ohne Team nicht funktionieren würde. Das Team musste fühlen und leben, was wir gemeinsam geschaffen hatten. Aber Plan A war inzwischen gescheitert und in Plan B musste es fair zugehen. Jens merkte, und das war wichtig, dass er allein nicht 80 Prozent des Teams ausmacht.

Jens hat mit Sicherheit viele Stärken. Nicht umsonst ist er bis heute erfolgreich in dem, was er tut. Aber wir waren alle wichtig. Björn war unser Mann für die Netzwerktechnik mit erheblichem Know-how. Jan Philipp konnte wie kein anderer Webseiten designen und sie in Code gießen. Dann brauchst du auch jemanden wie Ralf, der den E-Sport auch heute noch prägt. Und auch jemanden wie mich, der die Vermarktung beherrscht und gerne übernimmt.

Das Ergebnis war ein vermeintliches Scheitern. Wir ließen die Gamers Network GmbH in die Insolvenz laufen. All das spielte sich in den Monaten August bis Dezember 2000 ab. Aber danach ging es besser und geordneter weiter. Wir gründeten im Dezember 2000 die Turtle Entertainment GmbH, quasi den Nachfolger der Gamers Network GmbH, und gaben unserer Vision endlich das richtige Zuhause.

## Von Deutschland in die ganze Welt: die ESL

Kurz zuvor hatten wir den Vertrag mit der Net Brain AG rückabgewickelt. Uns – und vermutlich auch ihnen – war bewusst, dass das Trierer Unternehmen nicht mehr lange funktionieren würde. Also war uns wichtig, hier nicht weiter verstrickt zu sein.

Als all das organisiert war, gaben wir mit der Turtle Entertainment GmbH Vollgas. Das machten wir gemeinsam mit einem Angel Investor aus dem Stuttgarter Raum, Dr. Engelhard. Es war Jens, dem wir diesen positiven Schritt zu verdanken hatten, weil er nach jemandem suchte und jemanden fand, der uns bei der Gründung unterstützen konnte. Wir haben dann ein faires Konstrukt gebaut.

Wir hatten nun also ein Superteam, einen fairen Investor und eine neue Firma. Wir übernahmen einen großen Teil der Belegschaft der Gamers Network GmbH. Und wir zogen in neue Räumlichkeiten, machten also einen klaren Schnitt. Die kontrollierte Insolvenz hat allen gutgetan. Die Belegschaft war durch Insolvenzausfallgeld abgesichert. Unser Zeitplan ging komplett auf. Mit der Turtle Entertainment GmbH konnten wir die Lektionen aus der Insolvenz verarbeiten.

Im Dezember 2000 haben wir dann unter dem Namen der neuen Firma unser erstes CPL Europe Event veranstaltet, von dem ich weiter oben schon sprach. Das war der Startschuss für all das, was danach gekommen ist. Quasi der Urknall des europäischen E-Sports. SK Gaming lief mit, es hat von dem Netzwerk profitiert, das ich damals schon hatte. So hatten die ESL, das wichtigste Produkt der Turtle Entertainment GmbH, und SK Gaming teilweise dieselben Sponsoren. Heute würde man sich wohl um Compliance, um Interessenüberschneidungen sorgen, aber das war bei uns kein Problem. Im Gegenteil: Die Schiedsrichter sind bei Turnieren eher härter mit SK-Spielern umgegangen.

Im Grunde sind das, was ich gerade beschrieben habe, die ersten Jahre von knapp drei Jahrzehnten E-Sport. Die erste Company, die dann gesprengt werden musste. Die Gründung von SK Gaming sowie der Turtle Entertainment GmbH. Das erste große Produkt der neuen Firma, nämlich die ESL, aus der später die ESL FACEIT Group entstehen würde. Damals haben wir auch erstmals in Europa den Begriff E-Sport benutzt. Da waren wir die Vorreiter. All das ist durch Leidenschaft und Teamgeist entstanden. Wir sind regelmäßig mit einem LKW voller Equipment und zehn Autos zu einem Event in Deutschland oder Europa gefahren, haben aufgebaut, organisiert und sind dann wieder zurück nach Köln. Das haben wir damals etwa 34-mal in einem Jahr gemacht.

Wir hatten uns in den Kopf gesetzt, mit unserer Idee erfolgreich zu sein. Und im Grunde sind seither nur zwei größere Projekte gescheitert. Alles andere hat geklappt, weil unser Tun immer Hand und Fuß hatte.

## Kapitel 2

# Strategische und wirtschaftliche Ausrichtung

Einen losen Haufen von Idealisten auf sinnvolle Weise zusammenzubringen, war Ende des Jahres 2000 die wichtigste und beste Entscheidung, die wir hätten treffen können. Die Idee war gut, es hatten sich die richtigen Leute zusammengefunden, der Zeitpunkt stimmte.

Damals konkretisierten wir die ersten Produkte. Einige habe ich schon im vorigen Kapitel erwähnt, zum Beispiel die DeCL und die Gamers League. Wir haben sie zu echten Produkten aufgebaut und daraus auch unser Kerngeschäft entwickelt, das die Turtle Entertainment GmbH über viele Jahre getragen hat: die bis heute älteste noch aktive Liga der Welt, die ESL.

Dabei ist diese Marke aus einem witzigen Misserfolg erwachsen. Die ESL sollte eigentlich nie ESL abgekürzt werden, sondern ESPL. Im Jahr 2001 erhielten wir aber ein Schreiben von einer Anwaltskanzlei aus Hamburg. Die Nachricht: Der amerikanische Sender ESPN[23] verwehrte uns die Eintragung des Markennamens. Die Sache ist aus heutiger Sicht witzig, denn ESPN hat Jahre später Versuche unternommen, im E-Sport Fuß zu fassen. Dabei waren sie ja im Prinzip schon ein Jahrzehnt vorher auf die Marke gestoßen, die den E-Sport prägen würde, nämlich unsere. Solche Zufälle kann man nicht scripten. Ansonsten gab es damals nicht vieles, was ESL oder ähnlich hieß. Ich erinnere mich an eine Motorenreihe bei Volkswagen. Die kürzte sich auch ESL ab. Volkswagen hat diesbezüglich aber nie irgendwelche Probleme gemacht.

Mit Turtle Entertainment setzten wir auf zwei Geschäftsfelder. Das eine war der Auf- und Ausbau unserer Online-Liga, also der ESL. Das andere Produkt, das unsere Arbeit prägte, waren die CPL-Events. Darin steckten schon sehr früh die beiden Ansätze, die bis heute wichtig für den E-Sport sind, nämlich Online- und Offline-Turniere und -Ligen. Unsere Partner wiederum schätzten es, dass sie beide Aspekte bei uns fanden. Damals sah ich mich als Architekt dieses Konstrukts mit unseren beiden tragenden Säulen. Ich wollte das, was die ESL geboten hat, weiterentwickeln und so für Partner den kommerziellen Nutzen interessant machen.

Für uns als Company wiederum war wichtig, dass wir über das Jahr hinweg finanzielle Liquidität hatten. Hierfür waren verlässliche Partner erforderlich, ebenso wie kommunikative Leuchttürme, also insbesondere die CPL-Events. Partner wie Intel, die uns schon sehr früh verlässlich begleiteten, waren sowohl online als auch offline bei uns vertreten.

Aus dieser Zeit werde ich einige Momente immer in Erinnerung behalten und es wird nicht weiter überraschen, dass sich diese kleinen Geschichten rund um die ersten drei Events abspielen.

Nachdem wir von der Gamers Gathering unsere Lektion zum Thema Strom gelernt hatten und nun wussten, was eine Eventhalle so alles leisten kann, hatten wir für unser erstes Event in Köln einen doppelten Boden eingezogen. Wir hatten ein riesiges Notstromaggregat neben die Halle setzen lassen. Es gehörte zu den „Mietmöbeln". Dezember in Köln, Temperaturen um den Gefrierpunkt. An sich eine romantische Vorstellung, wenn man an Weihnachtsmärkte und Glühwein denkt. Es wird etwas unromantischer, wenn man in diesem Wetter, leichter Nieselregen, ein Notstromaggregat alle paar Stunden mit Diesel befüllen muss und das bei ohrenbetäubendem Lärm. Gemeinsam mit Björn stand ich da draußen, mit übergroßen Handschuhen und schweren Kanistern. Was tut man nicht alles, damit das Event in der Halle einwandfrei läuft und niemand „Wir wollen Strom" brüllt. Ich konnte den Dieselgeruch noch Tage nach dem Event an mir riechen, da nutzte auch mehrfaches Duschen nichts.

Wir hatten uns zwei bis drei solcher Events pro Jahr vorgenommen und für 2001 stand im Mai die CPL Europe Holland in Loosdrecht auf dem Programm. Dazu hatten wir einen großen Sportkomplex angemietet. Beim Aufbau stellten wir schnell fest, dass die Halle nicht komplett geeignet war und hier und da immer etwas nachzubessern sein würde. Das Budget für das Event war auch ziemlich ausgereizt und so entschied ich mich damals spontan, in einem Squash-Court zu schlafen. Isomatte, Schlafsack, Reisetasche in die Ecke und fertig war mein durchaus luftiges Hotelzimmer. Ich habe es mir mit zwei oder drei anderen geteilt, jeder hatte seine Ecke. Es war ungemütlich, aber irgendwie auch cool, von Donnerstag bis Sonntag so eng an allem dran zu sein und die komplette Atmosphäre mitnehmen zu können.

Logistisch muss man sich das so vorstellen: Wir hatten das komplette Equipment, das wir benötigten, mittlerweile fest in unserem Bestand. Vor allem die Turnierrechner und Monitore sowie alle Kabel und das gesamte Netzwerk. Und über einen guten Bekannten hatten wir Stromverteiler, mit denen wir von Starkstrom auf normale Steckdosen runterbrechen konnten. Wann immer also ein Event irgendwo in Europa für uns anstand, packten wir alles in einen gemieteten LKW und zwei aus dem Team fuhren dann eben los. Beim Beladen merkte man schnell, dass wir gute *Tetris*-Spieler waren. Diese Ladevorgänge waren auch immer ein Gemeinschaftserlebnis: Wir bildeten eine Kette vom LKW bis zur Eventlocation, so ging alles extrem schnell. Sobald der LKW an der Location in Sicht war, rief einer laut „CPL Kette" und jeder wusste, was zu tun war.

London war im August 2001 unser nächstes Ziel. Drei Szenen habe ich im Kopf, wenn ich daran zurückdenke. Im *Counter-Strike*-Turnier spielte SK mit einem deutschen Team und traf im Halbfinale auf das Team Ninjas in Pyjamas, NiP. Wir unterlagen dem späteren Sieger, in dessen Line-up die zwei Spieler Emil „HeatoN" Christensen und Tommy „Potti" Ingemarsson standen. Die beiden erledigten uns im Alleingang. Sie sollten im Januar 2003 dann zu uns wechseln und der Grundstein für das legendäre schwedische Roster sein, das SK an die Weltspitze katapultierte.

Beim Abbau und Beladen des LKWs bemerkten wir dann, dass uns ein recht großes Plasma-TV fehlte. Ein Monstrum, ziemlich schwer. Da hatte jemand also einen Fernseher einfach so vom Event mitgehen lassen. Er musste ziemlich dreist vorgegangen sein, denn so groß war die Eventhalle nicht. Es liefen überall Mitarbeiter von uns herum, aber schlussendlich fiel es niemandem auf.

Der Einlass zum Event, bei dem man sich registrieren musste, lief mit erheblicher Verzögerung ab, so dass unser Turnier viel zu spät startete. Natürlich hatten sich Spieler und Teams online registriert und die Eintrittsgelder bezahlt. Beim Einlass musste eigentlich nur die Liste abgeglichen werden. Das sollte recht einfach und schnell gehen. Eigentlich. Aber die Technik machte uns einen Strich durch die Rechnung. Nach unserer Rückkehr nach Köln setzten wir uns wie jedes Mal hin und besprachen alles, was geschehen war, um Abläufe zu optimieren und in Zukunft Fehler zu vermeiden. Ralf und ich saßen in dieser Runde nebeneinander, als wir das Thema Einlass besprachen. Und dann brach es aus Ralf heraus: „Ravage [so hieß der Mitarbeiter mit Nickname], wenn ich dir sage, du sollst die scheiß Liste ausdrucken, dann druckst du die verdammte Liste aus." So war es auch vor Ort. Beim Aufbau hatte Ralf klar gesagt, dass für den Einlass eine klassische Liste auf Papier als Backup vorliegen sollte. Ravage erwiderte, dass er das nicht brauche, schließlich habe man alles auf dem Rechner. Nun ja, bis eben dieser Rechner streikte und es keine Liste gab. Genau das wollte Ravage Ralf dann in der Besprechung erneut sagen, nämlich dass es kein Problem gegeben habe, doch er konnte seinen Satz nicht beenden. „RAUS!" brüllte Ralf, gefolgt von „DRUCK DAS NÄCHSTE MAL DIESE SCHEISS LISTE". Ich habe Ralf sehr selten wütend erlebt, die ganze Situation hätte auch eine Szene in einem Film sein können. Ravage war kaum draußen, da bekamen alle anderen einen unglaublichen Lachflash. Es war Comedy pur.

Über die Jahre folgten dann noch Events in Cannes, Oslo, Kopenhagen, Berlin und natürlich erneut Köln, bis wir das Projekt 2003 beendeten.

Anders als bei der ESL waren wir bei der CPL nur Lizenznehmer. Sie war ja ursprünglich nicht unser Baby, wir waren bei ihr immer abhängig von Angel Munoz und seinen Entscheidungen in Amerika. Im Grunde hätte man uns jederzeit die Lizenz entziehen und damit eines unserer Standbeine wegnehmen können. Nicht nur deshalb war es wichtig, dass wir parallel die ESL aufgebaut haben. Zumal es bei einer Lizenz passieren kann, dass man etwas für den Lizenzgeber aufbaut und dieser dann, um das Geld abzuschöpfen, jemand anderen, größeren an das Produkt setzt. Das drohte uns immer. Daher war unsere Motivationslage klar: Wir nutzten die CPL, um auch unsere eigene Marke, nämlich die ESL, aufzubauen und zu verstetigen. Das war der Antrieb, der uns nach vorne gebracht hat.

Mit der Zeit haben wir Produkte erschaffen, die die ESL zunehmend sichtbar machten. Das mit Sicherheit wichtigste war die ESL Pro Series, die EPS. Mit ihr wollten wir professionellen E-Sportlern, damals Pro-Gamer genannt, die Möglichkeit geben, sich auf höchstem nationalem Level zu messen. Begleitet wurde die EPS von besonderen Events, allen voran den Intel Friday Night Games (IFNG). Wir haben hier also mit einem Namenssponsoring gearbeitet, um unseren wichtigsten Partner noch besser zu platzieren. Das war für beide Seiten sinnvoll. Für uns, weil wir einen großen Partner zeigen konnten, für Intel, um in der Zielgruppe der Gamer sichtbarer und als echter Unterstützer wahrgenommen zu werden.

Wir hatten also unser eigenes Format ESL, die EPS und die IFNG, aber das war für mich noch nicht genug. Ich wollte ein Produkt entwickeln, das nicht nur in Deutschland, sondern international erfolgreich war. Ich wollte eine ESL in Schweden, in den Niederlanden, in Spanien, in Polen – überall. Und in jedem Land sollte es eine Pro Series mit Unterevents analog zu den IFNG geben. Das war mein Ziel.

Diese nationalen Ligen sollten ihre Champions ausspielen, die sich für etwas Größeres qualifizieren können würden, so wie es etwa im Fußball bei der Champions League läuft. Ja, wir haben als Neulinge auch in Fußballstrukturen gedacht. Schließlich sind wir mit Fußball aufgewachsen. Die heutigen Intel Extreme Masters, eine europäische, mittlerweile sogar globale Liga für den professionellen E-Sport,[24] basieren auf diesen Ideen. Und auch die Events in der Kölner Lanxess Arena im Jahr 2024 wären ohne unsere Ideen undenkbar. Die „Cathedral of *Counter-Strike*", wie der Ort genannt wird, ist ein Mekka für E-Sportler weltweit, die sich für den berühmten Taktikshooter begeistern. Im Prinzip ist Kölns größte Halle das Wimbledon des E-Sports.

Aber meine Aufgabe als Architekt und Planer dieses Prozesses hatte ich aus meiner Sicht im Jahr 2005 eigentlich abgeschlossen. Rückblickend kann ich sagen, dass ich in diesem Jahr gefühlsmäßig aus der ESL ausgestiegen bin, was ich dann auch zum 31. Dezember 2005 offiziell vollzog. Meine Ideen und meine operative Arbeit waren in die Firma eingeflossen. Damals fühlte es sich an wie ein Abschluss. Mehr hätte ich in der Firma nicht erreichen können. Alles, was die ESL danach daraus gemacht hat, basiert in meinen Augen auf der Denke, die ich zu verankern versucht habe. Der Weg war vorgezeichnet. Gleichzeitig entwickelte SK Gaming einen immer stärkeren Sog. Ich fühlte mich dem Team gegenüber in der Verantwortung.

Die Bausteine der ESL passten gut zusammen. Da waren die großen Events wie die Games Convention in Leipzig, die man heute als Kölner gamescom kennt. Auf solchen Events hatten wir unsere Stände und präsentierten den E-Sport. Dann gab es die ESL als Liga und Plattform. Und nicht zuletzt gab es eben die Wettbewerbsstruktur, sowohl national als auch international. Im Grunde steht die ESL für das alles bis heute.

Im Laufe der Zeit kam zusätzlich und verstärkt das Publisher-Geschäft hinzu. Das hatte es zwar früher auch schon gegeben, aber wir bauten es immer weiter aus. So wurde die ESL zu einer Agentur. Die ESL ist also Partner von Publishern wie beispielsweise Valve[25] und veranstaltet in deren Auftrag Großevents und Turniere.

Neben meiner Arbeit an der ESL habe ich auch immer auf die Weiterentwicklung von SK Gaming geachtet. Mir war klar, dass ich der kommerziell denkende Kopf im SK-Team war. Das bedeutete irgendwann eben auch, dass SK Gaming neben der ESL keine stiefmütterliche Behandlung verdiente.

In diese Zeit, Sommer 2001, fiel auch die Entscheidung, dass Ralf und ich Unterstützung für das Management des Teams, des Clans, bekommen sollten. *Counter-Strike* war das große Thema damals. Und wir konnten mit Andreas Thorstensson[26] jemanden für uns gewinnen, der wie kaum ein anderer das Spiel und das Ökosystem dahinter verstanden hatte. Er war ein extrem guter Spieler und besaß darüber hinaus auch noch ein Gespür für das große Ganze. Er erkannte, wer richtig gut in diesem Spiel war und wer noch besser werden konnte. Er kannte die Community und konnte sie genau lesen. In dieser Zeit wuchs also das Zweierkonstrukt an der SK-Spitze zum Trio. Andreas wurde zu einem wichtigen Bestandteil von SK Gaming. Wir boten ihm an, SK mit uns gemeinsam weiter aufzubauen.

2005 kam ich dann nicht mehr um den Gedanken herum, dass sich etwas ändern musste. Denn ich kümmerte mich für die ESL und SK parallel um Partner, machte alles selbst. Beide Projekte waren aber inzwischen so groß, umfangreich und erfolgreich, dass das so nicht mehr funktionierte.

Hier geht es nicht nur um Zeit und Aufmerksamkeit, sondern man muss auch an Compliance denken und sollte nicht Veranstalter und Teilnehmer gleichzeitig sein. Technisch hatte es da zwar nie ein Problem gegeben, schließlich war SK Gaming etwa auf CPL-Events einfach nur ein Teilnehmer von vielen, aber Doppelfunktionen können nach außen immer merkwürdig aussehen.

Das hat auch dafür gesorgt, dass die Leute drumherum bei SK immer etwas genauer hinschauten. Und man muss wissen, dass Schiris und Admins auf Turnieren ohnehin eigenständig agieren. Wir führten skurrile Diskussionen. Einer unserer Spieler hatte etwa einen Disconnect.[27] Bei 16 Runden, die man gewinnen musste, um das Spiel für sich zu entscheiden, stand es zu diesem Zeitpunkt 15:0 für uns. Damit war die Sache ja fast entschieden, vergleichbar im Fußball mit einem Spielstand von 6:0 im WM-Finale in der 92. Spielminute und einer Nachspielzeit von vier Minuten. Die Wahrscheinlichkeit, dass so ein Spiel nochmal kippt, geht gegen null.

Doch dann kam es eben zu diesem Disconnect. Plötzlich treten Schiris auf, die auf das Regelwerk verweisen: Ein Disconnect sei gleichbedeutend mit einem Spielabbruch, man müsse also von vorne beginnen. Solche Entscheidungen sind inzwischen undenkbar im E-Sport, aber damals gab es aufgrund der eingeschränkten technischen Möglichkeiten Regularien, die heute absurd erscheinen. Da steht man dann als Teamverantwortlicher da und muss sich bei einem Stand von 15:0 bürokratisches Gerede anhören. Ganz ehrlich, wir haben doch alle das Spiel gesehen. Das war durch, fertig, gewonnen.

Als Teamverantwortlicher hat man seine eigene Sicht der Dinge. Man möchte im Sinne des E-Sports entscheiden und sich nicht an Regeln festbeißen. Da gibt es zwei Möglichkeiten: für den Sport entscheiden und das Spiel fortsetzen oder aber die Regeln peinlich genau auslegen und von vorne beginnen. Klar ist: Es kann immer Unzufriedenheit geben.

Ich war immer froh, kein Schiri im E-Sport zu sein. All diese Entscheidungen würde ich nicht gern treffen. Als Teammanager war ich aber natürlich voll eingebunden. Auch andere Teams, Veranstalter oder Admins haben immer mal wieder gefragt, wie ich eine bestimmte Situation oder Regel einordnen würde. Im Prinzip war das eine ungewollte Rolle. Aber kein Vergleich zu heute. Damals war alles wesentlich harmonischer. Wir waren eine Gemeinschaft, die zusammen den E-Sport aufgebaut hat. Das hat zusammengeschweißt.

Wir spürten auch nicht, dass damals eine Industrie im Entstehen war. Jeder wollte einfach sein Bestes einbringen. Daher kann ich mich ehrlicherweise auch nur an ganz wenige Streitsituationen erinnern. Da werde ich richtig nostalgisch.

Zur Wahrheit hinsichtlich meines Ausscheidens aus der ESL und dem Wechsel zu SK Gaming als Vollzeitjob gehört auch, dass Jens, Ralf und Alex drei sehr starke Persönlichkeiten sind. Auf Dauer kann das kaum gutgehen. Man stelle sich eine Tür vor. Zwei Leute mögen gleichzeitig durchpassen, doch bei dreien wird das unmöglich – zumal sich niemand klein machen möchte oder ausweicht, um andere vorzulassen. Dreier-Leadership: schwierig.

2005 wussten wir: Turtle Entertainment würde auf Basis unseres Business-Plans im Folgejahr erstmals einen operativen Gewinn erzielen. Die Investitionsphase war vorbei und ich glaube, dass das dann immer der Moment ist, wo eine Company mehr Raum bekommt. Da geht es dann weniger um „wir alle gemeinsam gegen die Welt", sondern mehr um das politische Besetzen von Feldern, um Machtverteilung.

Damals spürte ich das deutlich. Also entschloss ich mich, aus dem operativen Geschäft der ESL auszusteigen. Gesellschafter würde ich bleiben. Zugleich wuchs bei SK der Bedarf nach mehr Management. Auch der damals wichtigste Partner, nämlich Steel Series, hatte deutlich signalisiert, dass er mehr Management-Power erwartete, und zwar konkret durch meine Person. Und als wir uns entsprechend anpassten, ließ man bei Steel Series ebenfalls Taten folgen. Es folgte ein höher dotierter, langfristiger Sponsoring-Vertrag samt Kompensation, um die neue Vollzeitstelle im Management bei SK bezahlen zu können. Das war schon ein starkes Signal an mich.

Ich ließ also Ralf in Ruhe die ESL machen, weil er immer stärker diese Führungsrolle in Anspruch genommen hatte. Ich blieb Gesellschafter und ging zu den Gesellschafterversammlungen. Da haben wir auch mal Sachen diskutiert, ich habe eigene strategische Ideen vorgestellt, aber im Prinzip habe ich meine Meinung eher hintangestellt.

Ralf und ich hatten immer das Motto: Lass uns abgestimmt bleiben und gemeinsam da reingehen. Wir geben uns gegenseitigen Support. Er sollte den bei der ESL bekommen, ich bei SK Gaming. Und so haben wir es dann auch gehandhabt. Die ESL war sein Ding mit Support durch mich, SK Gaming war mein Ding mit Support durch Ralf. Harte Diskussionen oder Meinungsverschiedenheiten gab es sowieso kaum. In Machtsituationen haben Ralf und ich uns immer gegenseitig unterstützt und so auch mal Andreas überstimmt – sofern es sinnvoll war, was aber höchst selten vorkam. Unsinnige Dinge haben wir ohnehin nicht gemacht. Es ging uns nie um Entscheidungen als Machtdemonstration. Ich glaube, dass das bei einigen im E-Sport ein Problem ist. Entscheidungen werden der Entscheidungen halber gefällt. Das war bei uns nie so.

Wir hatten immer einen gemeinsamen Spirit, viel Leidenschaft. Heute ist das im E-Sport leider oft anders. Es hat diese Goldgräberstimmung gegeben, Leuten ging es gar nicht mehr darum, den E-Sport voranzubringen, sondern schnelles Geld zu verdienen.

Das sehe ich bis heute. Ich habe es aber inzwischen verarbeitet, es nervt mich nicht mehr so. Ich glaube nur, dass diese Leute dem E-Sport nicht guttun. Und man sieht ja auch, dass viele von ihnen sich im Laufe der Zeit selbst abgeschafft haben. Sowohl im E-Sport als auch im Gaming werden diese Leute einfach nicht mehr ernstgenommen.

## Genres und Disziplinen: SK Gaming als Multigaming-Clan

Mit SK Gaming surften wir schon im Sommer 2002 auf einer riesigen Welle. Damals, in Dallas, gewannen wir zum ersten Mal die CPL. Das war eine Riesensache. Es gab noch kein Twitch, kein YouTube, keine weitreichenden Livestreams. So ein Turnier live zu schauen, bedeutete für Ralf und mich, dass wir nachts bei uns mitten im Kölner Zentrum im Büro saßen und gemeinsam gespannt auf den Monitor blickten.

Damals war auch das Chatprogramm ICQ[28] sehr beliebt, ebenso wie das IRC[29]. Über diese Kanäle haben wir unserem Team zugejubelt und mitgefiebert. Denn TikTok oder Instagram gab es damals als Social-Media-Kanäle auch nicht. Wir saßen da mitten in der Nacht vollkommen glücklich, weil wir mit SK Gaming die erste „Weltmeisterschaft" nach Hause geholt hatten. Es war der Wahnsinn.

Mit diesem CPL-Titel kam die Dynamik auf, die SK Gaming bis heute trägt. Andreas baute zunächst das *Counter-Strike*-Team um. Im legendären Jahr 2003 hatten wir ein schwedisches Line-up unter Vertrag. Die Jungs waren die Besten der Besten Mit ihnen haben wir einfach alles gewonnen: CPL Summer, CPL Winter, World Cybergames.[30] Wir entschieden auch alle CPL-Europe-Events für uns Es war ein lupenreiner Grand Slam, der erste und in dieser Art auch der bislang einzige der E-Sport-Geschichte.

Natürlich war *Counter-Strike* mit Abstand der wichtigste Spieletitel, aber auch die anderen Teams spielten erfolgreich für SK Gaming: *Warcraft 3* war als Echtzeitstrategiespiel immens wichtig. Insomnia, ein bulgarischer Ausnahmespieler, gewann für uns auch in *Warcraft 3* die World Cybergames 2003.

Es entwickelte sich also weiter, mehr Spiele-Genres wurden relevant. Das bedeutete auch, dass wir nicht mehr der reine *Quake*-Clan sein wollten. Wir wurden ein Multigaming-Clan, also eine Organisation, die sich auf mehrere Titel stützte. Das war ein langer Transformationsprozess. Wir haben uns immer als wichtige Marke im E-Sport verstanden und als solche wollten wir auch Trends und neue Entwicklungen aufgreifen.

Bis heute ist das unser Ansatz. Wir schauen, wie Ökosysteme funktionieren oder welchen gesellschaftlichen Mehrwert Engagements bieten. Nehmen wir zum Beispiel den Equal Esports Cup, den wir gemeinsam mit der Telekom und der Esports Player Foundation entwickelt haben.[31] Da dreht sich alles um die Gleichstellung von Menschen, ganz unabhängig von ihrem Geschlecht oder anderen Aspekten. So etwas wie Female League of Legends gab es vor vier Jahren noch gar nicht. Heute ist das ein relevantes Thema und wir haben es gemeinsam mit unseren Partnern dazu gemacht.

Es geht auch nicht nur darum mitzumachen. Wir wollen gestalten. Mit der Deutschen Telekom und der Esports

Player Foundation haben wir uns an einen Tisch gesetzt. 2023 spielten wir gegen Berlin International Gaming (BIG) und andere Top-Clans, um Zeichen zu setzen. Aber klar ist auch: Es geht nicht nur um Symbole. Wenn wir bei so etwas wie dem Equal Esports Cup mitmachen, ist unser Ehrgeiz enorm. Wir wollen gewinnen. 2023 gewannen wir. Wir haben etwas gesehen, für relevant erachtet und dann angefangen, uns darauf auszurichten und etwas aufzubauen. Das ist die „Methode SK".

Als Vollblut-E-Sportler wollen wir immer gewinnen, bei allen Competitions, bei denen wir mitmachen. So wurde zum Beispiel die Titelverteidigung beim Equal Esports Cup 2024 logischerweise zum neuen Ziel. Wir suchen immer neue Challenges, in jedem Spiel in unserem Portfolio. Nur so erklärt sich, dass wir einer der erfolgreichsten E-Sport-Clans der Geschichte sind. Es tut weh, wenn wir mal etwas nicht erreichen.

Aber jeder verliert irgendwann. Das muss man wissen, darauf muss man eingestellt sein. Es gibt Turniere und Tage, da gewinnt man einfach nicht. Sonst wäre es ja langweilig. Es muss andere Top-Clans geben, wie mousesports, Liquid, G2 Esports, Vitality, Fnatic und so weiter. Es muss Marken und Wettbewerb geben, damit E-Sport funktioniert. Phasen der Dominanz einzelner Teams sind in Ordnung, sie begründen Legenden. Auch geografische Unterschiede sind ein Teil der E-Sport-Welt. Im asiatischen Raum sind Spiele wie *League of Legends* zum

Beispiel populärer als Shooter. Das ist in anderen Regionen der Welt anders.

Die Globalisierung des E-Sports hat dafür gesorgt, dass die Regionen sich in der Leistung annähern. Jahrelang dominierten die Südkoreaner die Weltmeisterschaften, die Worlds, in *League of Legends*. Inzwischen haben die Europäer mit ihren Teams aus der LEC stark aufgeholt.

Das sind langfristige Aufbauarbeiten, kein Drei-Wochen-Prozess mehr wie damals, als wir zum Multigaming-Clan avancierten. Heute musst du über Jahre das Richtige tun und gute Entscheidungen fällen, um ganz oben anzukommen. Uns gibt es schließlich nicht so lange, weil wir Teil der Geschichte sind, sondern weil wir jedes Jahr, jeden Tag aufs Neue beweisen, dass wir zu Recht im Markt sind und um Titel mitspielen. Deswegen war 2003 für SK Gaming so wichtig, mit all den Pokalen in all den Disziplinen. Es war das Jahr des endgültigen Durchbruchs.

In dieser Zeit erwuchs eine richtige Ehrfurcht gegenüber SK. Wenn unsere Spieler irgendwo langgingen, wurde es still. Die Leute fingen an zu flüstern. Einen solchen Status kann man nicht ewig mit Titelgewinnen aufrechterhalten und es wäre auch Quatsch, das erzwingen zu wollen, aber die Fallhöhe, die wir damals aufgebaut haben, die spüren wir noch heute. Es gilt nach wie vor, SK zu schlagen. Natürlich ist das schön, so ein Mythos. Dieses Momentum, das wir immer wieder hatten. Davon lebt der E-Sport. Davon lebt die Community. Davon lebt das ganze Ökosystem. Auch von den Fans, die ihre Legenden durch Dick und Dünn supporten.

Wir haben es geschafft, aus einer wilden Gründungszeit in diese neue Ära zu kommen. Wir waren immer da, sind immer wir geblieben. Uns gibt es seit 1997. Alle anderen deutschen Clans, die aus dieser Periode stammen, sind heute Geschichte. Die, gegen die wir heute spielen, gab es damals noch gar nicht. Im Prinzip fußen diese ganzen jungen Marken auf dem Fundament, das wir mitgelegt haben. Weltmeister zu werden, den internationalen E-Sport zu dominieren – diese Geschichten haben wir geschrieben und damit den Weg für andere geebnet. Deshalb verstehen wir uns als eine Inspirationsquelle für andere. Ich bin mir sehr sicher, dass wir viele – sehr viele – der Teams und Menschen, die heute im E-Sport unterwegs sind, mit unserem Tun beflügelt haben und es auch heute noch tun.

Das hat schöne Erinnerungen, positive Geschichten hervorgebracht. Mit TSM[32] zum Beispiel hatte ich mich gar nicht beschäftigt, bis ich irgendwann zufällig mit ihrem Manager sprach. Er sagte mir klipp und klar, SK Gaming sei für ihn eine Inspiration gewesen. TSM wuchs in *League of Legends* in kurzer Zeit zu einer richtigen Größe heran. Das muss so um 2013, 2014 gewesen sein. Der Gründer und Manager sagte mir damals, dass SK für ihn nach wie vor ein Riesending sei und er es voll cool finde, jetzt mit mir zusammenzusitzen und zu quatschen.

## Das legendäre *Counter-Strike*

Wir bieten die Blaupause. So wollen andere als E-Sport-Organisation sein. Der TSM-Manager sagte mir auch, er wolle, dass TSM als Brand irgendwann so wahrgenommen werde wie SK Gaming. Das erfüllt mich und SK mit Stolz. Durch uns sind viele gute Spieler, gute Manager und gute Coaches auf den Markt aufmerksam geworden und haben Karriere gemacht. Das ist schön. Und es ist auch ironisch, weil diese Leute uns dann bei Turnieren und im Ökosystem des E-Sports insgesamt oft das Leben schwermachen.

Wenn man Erfolg hat, geschehen aber auch negative Dinge, die immer wieder vorkommen und die mir als Manager natürlich zusetzen. Das *Counter-Strike*-Team von 2003 war Weltspitze, es gab nichts Besseres. HeatoN, Potti, Spawn, ahl, fisker. Später war elemeNt auch noch mit dabei. Wenn ein Team aber so gut ist, kommt irgendwann irgendjemand und macht den Spielern weis, dass ihr aktuelles Setup schlecht ist und sie alles verändern müssen. Solche Berater kommen automatisch, das liegt in der Natur der Sache. Sie erklären dann, was man alles anders und besser machen könnte nach dem Motto: „Ihr seid die Stars, euch steht noch viel mehr zu." Ja, „the grass is always greener ..."

Das sind unangenehme Situationen. Ich kann dem Team und den Spielern gar nicht verübeln, wenn sie zu zweifeln anfangen. Was Dritte sagen, hört sich erstmal geil an – zumal sie den Jungs nach dem Mund reden. Das Problem am E-Sport ist nur, dass diese „Labertaschen" meistens nicht halten, was sie versprechen. „Meistens" ist eigentlich zu nett, im Grunde halten sie nie, was sie versprechen. Während sie den Spielern Flöhe ins Ohr setzen, haben sie noch keinen Cent an sie bezahlt. Wir hingegen schon. Sie erklären ihnen aber ganz genau, wieviel mehr ihnen doch zustehen würde. Später dann, wenn die Spieler gewechselt haben, werden versprochene Gelder nicht überwiesen, Turniere schlecht unterstützt. Diese Leute haben den Spielern gegenüber auch plötzlich keine Verpflichtungen mehr. Die setzen sich kurzfristig einfach ins gemachte Nest und versuchen auszunutzen und zu stehlen, was wir seriös und ehrlich aufgebaut haben. So tickt der E-Sport auch heute noch häufig. Für die Spieler klingt es plötzlich so, als könne ihr Leben noch viel cooler sein. Eigentlich müsste der Lamborghini schon bestellt sein und das Haus in Monaco längst überfällig. Schließlich stehe ihnen viel mehr Geld zu, sie seien nämlich die Rockstars der Szene. Die „Labertaschen" verdrehen Spielern häufig mit solchem Unsinn den Kopf.

Wenn man seriös arbeitet, ist es schwer, gegen solche leeren Versprechungen zu argumentieren. Zumal die Spieler in solchen Phasen des Überschnappens Argumente oft gar nicht hören wollen. Und so haben wir dann Ende 2004 auch unser *Counter-Strike*-Team verloren. Das Team hatte sich davon überzeugen lassen, dass wir als SK Gaming die Jungs ausgenutzt hätten und es unsere Organisation nur gebe, weil ebendiese Spieler so gut seien. Im Prinzip könnten sie ohne uns die gesamte Wertschöpfungskette abgreifen – solche dumpfen Aussagen machen bis heute im E-Sport die Runde. Es ist immer dasselbe. 2004 waren es die Ninjas in Pyjamas, also NiP, die unseren Spielern leere Versprechungen machten.

Auf dieser zweifelhaften Basis wechselte unser *Counter-Strike*-Team also zum Jahr 2005 von SK zu NiP. Einige Jahre später, 2018, sollten wir mit unserem brasilianischen *Counter-Strike*-Team eine ziemlich ähnliche Geschichte erleben.

Im Dezember 2004 mussten wir uns entscheiden. Das Team wollte also zu NiP. Es stand aber noch die CPL Winter in Dallas an. Wir sagten dann: „Wir respektieren eure Entscheidung, lassen euch aber nicht mehr unter unserer Flagge nach Dallas reisen." Wir investierten lieber in unser zweites *Counter-Strike*-Team, das aus deutschen Spielern bestand. Die waren in Dallas zwar chancenlos, aber wir wollten dem schwedischen Team nicht alles durchgehen lassen. Als Clan sollte man nicht alles mit sich machen lassen. Und klar: Wir haben den Jungs ihr Verhalten auch persönlich übelgenommen, zumal sie zu keinem Zeitpunkt in einen offenen Dialog mit uns getreten sind.

Sie hätten uns jederzeit ansprechen können, wenn sie mit etwas unzufrieden waren. Hätten uns sagen können, was sie gerne mehr oder anders gehabt hätten oder wo genau der Schuh drückt. Vielleicht hätte man dann trotzdem nicht zueinandergefunden, aber es wäre ein Prozess gewesen, mit dem man hätte planen können – auch in Sachen Nachfolge. Was aber haben sie gemacht? Sie haben uns auflaufen lassen.

Die Pointe dieser Geschichte folgte 2005. Unser ehemaliges Team war zu diesem Zeitpunkt ein paar Monate bei NiP, seit Ende 2004. Im März 2005 kamen dann drei der Spieler auf uns zu und sagten uns, dass sie einen Riesenfehler begangen hätten und zurück zu SK Gaming wollten. Wir waren einverstanden und haben dann auch noch zwei andere Spieler unter Vertrag genommen. Man muss wissen, dass wir zu der Zeit auch schon ein dänisches Line-up hatten. Also liefen für uns – kurzzeitig – zwei internationale *Counter-Strike*-Teams mit Weltspitzen-Niveau auf.

Danach wurde es wild. Es fanden zwei wichtige Turniere zeitgleich statt, die CPL Summer und der ESWC[33] in Paris. Die CPL Summer und später auch die CPL Winter gewannen die Schweden für uns. Die Dänen spielten wiederum beim ESWC in Frankreich und wurden dort Vizeweltmeister. Heißt: SK Gaming hatte bei den wichtigsten Turnieren der Welt zeitgleich einmal Platz eins und einmal

Platz zwei geholt. Das ist einzigartig, das gab es so vorher nicht und danach nie wieder.

*The grass is always greener* hatte sich also doch nicht bewahrheitet. Drei von fünf Spielern hatten schnell gemerkt, dass die Versprechen Unsinn gewesen waren. NiP war nicht besser als wir. Im Gegenteil: Wir machen zwar auch nicht immer alles richtig, aber wir arbeiten immer sauber und ohne unlautere Methoden. Das zeichnet uns international aus. Wir behandeln unsere Spieler fair und halten Versprechen. Ich mache das jetzt seit fast drei Jahrzehnten so und keiner meiner Spieler hatte je einen Grund, mit unseren Rahmenbedingungen unzufrieden zu sein.

Ich habe über SK auch nie irgendetwas Negatives in dieser Hinsicht gehört. Aber 2004/2005 war das erste Mal, dass wir mit Brachialgewalt in diese ganze wirtschaftliche, politische Scheiße des E-Sports greifen mussten. Hätte man uns und das Team in Ruhe arbeiten lassen, dann hätten die Spieler nicht nur 2004 dominiert, sondern mit Sicherheit ein paar weitere Jahre. Für die Spieler HeatoN und Potti war es sogar der Karrierebruch. Der Wechsel von SK zu NiP markierte im Grunde das Ende ihrer großen Zeit. Die anderen drei haben den Schritt zurückgeschafft und 2005 nochmal ein sehr gutes Jahr absolviert. Sie waren wieder fast so dominant wie 2003.

## Die FIFA[34] Twins und Erfolg in vielen Spielen

Es war auch eine Zeit, in der wir uns weiter diversifizierten. Wir schafften beim Female *Counter-Strike* den Durchbruch. Wir hatten in *Warcraft 3* Top-Ergebnisse. Und wir reagierten auf den FIFA-Boom. Auch das war etwas Besonderes: Unsere „FIFA Twins", die Zwillinge Dennis und Daniel Schellhase, und das ganze FIFA-Team gewannen quasi alles, deutsche Meisterschaften, Weltmeisterschaften, World Cyber Games und mehr. Das mediale Interesse war riesig. Fußball war leichter für die Massenmedien zu begreifen. Da haben uns insbesondere die FIFA-Twins vorangebracht.

Daneben war *Warcraft 3* schön, weil es ganz unterschiedliche Modi und Ligen gab. Das hat den Zuschauern wahnsinnig viel Spaß gemacht. Es gab die Spiele im eins-gegen-eins und die teambasierten Ligen und Turniere. Dabei haben sich auch die Vielfalt und die Internationalität des E-Sports in unserem Team widergespiegelt. Wir hatten sehr gute Südkoreaner, Bulgaren, Franzosen, Ukrainer, Russen und Schweden. Besonders toll war, wenn dann alle physisch, zumeist bei uns in Köln, zusammengekommen sind. Das kann man sich wie ein großes Tennisturnier samt Medienzirkus vorstellen. Das war internationales Elitesport-Feeling.

Der Tennisvergleich passt bei *Warcraft 3* generell sehr gut. Am Ende von eins-gegen-eins und zwei-gegen-zwei entschied sich über die Teamleistung insgesamt, wer gewann. Es gibt dazu auch lustige Geschichten, weil so viele unterschiedlichen Kulturen und Nationalitäten aufeinandertrafen und alle versuchten, sich auf Englisch zu unterhalten, oft mehr schlecht als recht. Zum Beispiel, wenn die Südkoreaner nach einer Niederlage wütend waren und etwas von „angry" nuschelten und die Schweden dann fragten: „why hungry?".

Ich erinnere mich gerne an diese Jahre. Sie waren unfassbar anstrengend und fordernd, aber eben auch superschön und spaßig. Das alles erleben zu dürfen, insbesondere Ereignisse wie die World Cyber Games, war einfach großartig.

Egal, auf welche Turniere von damals man schaut, SK Gaming spielte immer eine wichtige Rolle. Es gab vielleicht noch zwei andere Organisationen, die ähnlich präsent waren: mousesports in Deutschland und fnatic auf internationaler Ebene. Beide waren vor allem durch *Counter-Strike* bekannt. Die haben ebenfalls sehr viel gewonnen, große Titel errungen und viele Siege davongetragen und dadurch Sponsorships und Partnerschaften an Land gezogen. Diese drei Teams haben damals, gemeinsam mit der ESL maßgeblich das Ökosystem des E-Sports aufgebaut und verstetigt.

Dennoch war das Ganze damals oft noch nicht der hochprofessionelle Zirkus, als den wir heute den E-Sport kennen. Wir haben teilweise mit vier Leuten im Doppelzimmer in heruntergekommenen Hotels geschlafen. Das war kostensparend und fühlte sich fast an wie eine Klassenfahrt mit der Schule. In Europa sind wir zum Beispiel fast gar nicht geflogen, sondern haben alles mit dem Auto gemacht. Das war eine irre Zeit, geprägt von unterschiedlichsten Charakteren, Genres, Spielen und Events.

## Kapitel 3

# Unser Weg

Die Zeiten blieben wild. Nach meinem Ausstieg aus dem operativen Betrieb der ESL arbeitete ich ab 2006 das erste Jahr aus dem Home-Office, um mich voll auf SK zu fokussieren. Mein erster großer Brocken war hier die Partnerschaft mit Adidas, die ich in jener Zeit vorantrieb. Das war für uns ein Riesendeal, weil er Geld und auch Ausrüstung von einem Top-Partner bedeutete. Adidas lieferte zum Beispiel Hoodies, Shirts und Trikots.

Es war die Anfangszeit, nichts war richtig professionalisiert. So hat Adidas die Sachen unveredelt geliefert – also komplett ohne unser Branding, SK-Logo und so weiter. Das heißt, dass wir dann die ganze Rohware genommen haben und zu einer Druckerei und Stickerei gefahren sind. Das war noch echtes „Bootstrappen". Auch damals dachten schon viele, es müsse „f*ing geil" sein, als E-Sport-Manager zu arbeiten und ein namhaftes Team zu führen. Die Wahrheit: Ich stand in der Druckerei, um die Sachen von Adidas mit dem SK-Logo zu versehen. Und nun darf man gerne mal raten, wie die Sachen in die Druckerei gekommen sind. Richtig. Kistenweise kam das alles bei mir in Köln an, ich musste es zwei Etagen nach oben in die Wohnung schleppen, dann kurz darauf alles wieder runter ins Auto und ab zum Veredeln. So viel zu Theorie und Praxis meines Jobs. Zumindest war das damals so.

Wir haben immer einen Einkaufskatalog bekommen und sind den durchgegangen. Dann haben wir über ein Online-Formular eine Liste nach Herzogenaurach geschickt und gesagt: „Die und die Sachen hätten wir gerne". Manches war nur selten vorrätig, andere Sachen konnten wir nur schlecht bedrucken oder besticken. Aber irgendwann hatten wir den Dreh raus und wussten, was funktioniert und was nicht. Wir haben dann intern abgestimmt, welche Rohwaren wir haben wollten. Doch perfekt war auch da nur das Wenigste. Die Größen der Klamotten waren zum Beispiel so ein Ding – mal zu groß, mal zu klein. Wenn alles passte, brachte ich die Sachen zur Veredelung. Schließlich mussten unsere Sponsoren und Partner mit auf die Ausrüstung.

Dieser Prozess wiederholte sich von Event zu Event: Sachen aussuchen, liefern lassen, zur Veredelung fahren und abholen. Im Prinzip war einer von uns immer irgendwo in Europa mit ein bis zwei Kartons unterwegs, um die Sachen durch die Gegend zu fahren, damit wir bei jedem Event passend ausgestattet waren. Schon irre, wenn man das mit heute vergleicht.

Die Zusammenarbeit mit Adidas war auch insofern cool, weil wir in Deutschland 2006 ja die Weltmeisterschaft im

Fußball hatten – „die Welt zu Gast bei Freunden" oder das „Sommermärchen". Da war Adidas ein fester Bestandteil. Wir haben eine Kampagne für Adidas umgesetzt, gemeinsam mit den FIFA-Twins. Das hat maga viel Spaß gemacht. Es gab damals zwei klassische Fußballschuhserien von Adidas, einmal die FX und einmal Predator. FX war für die jungen Wilden gedacht, Leute wie Lukas Podolski und Bastian Schweinsteiger. Der Predator wiederum war eher die traditionelle Serie für die alteingesessenen Spieler. Dieser Schuh genießt bis heute einen legendären Ruf im Fußball.

Mit unseren FIFA-Twins haben wir die Presse erreicht, Wir haben Marketing aufgezogen. Wir waren zu Gast in fast allen relevanten TV-Formaten, zum Beispiel bei *Stern TV* mit Günther Jauch und *TV Total* mit Stefan Raab. Im Prinzip waren wir so zum E-Sport-Outlet von Adidas geworden. Das brachte viel Aufmerksamkeit und Reichweite. Jahre später hat dann Team Vitality in Frankreich einen Deal mit Adidas bekanntgegeben und dabei so getan, als sei es das erste E-Sports-Projekt, an dem Adidas jemals beteiligt war. Naturgemäß habe ich da einen anderen Blick drauf. Team Vitality wurde erst 2015 gegründet.

Unsere Fußball-Aushängeschilder, die FIFA-Twins, waren immer auf den Punkt bereit und gut vorbereitet. Die beiden zeigten absolut vorbildliche Professionalität, die hatten nicht nur gute Geschichten und Anekdoten auf Lager. Ich konnte sie überall hinschicken: Im Ruhrpott-Singsang Klartext reden passte genauso gut zu ihnen wie professionelles Auftreten in einem politischen Rahmen.

Das nutzte unseren Partnern. Es gab beispielsweise damals regelmäßig einen Round Table von Intel mit der Presse. So konnte unser Partner die Reichweite der beiden nutzen, um in München und Hamburg über seine Produkte zu informieren. Die Zwillinge waren die Türöffner. Wir haben die FIFA-Twins immer zu solchen Veranstaltungen mitgenommen. Eine Intel-CPU mag erstmal ein trockenes Thema sein. Wenn man das Ganze aber mit den FIFA-Twins, ihrer Story, ihren unglaublichen Erfolgen und der FIFA-Weltmeisterschaft in Deutschland kombiniert, ist das ein ganz anderes Level. Natürlich hat insbesondere die FIFA-Brücke immer gut funktioniert. Fußball ist Nationalsport in Deutschland. Ein Nationalspieler wie Oliver Neuville hat mit unseren Jungs, also mit den FIFA-Twins, Interviews gegeben, das war geil. Für uns lag es auf der Hand, dass man solche Dinge verbinden muss, und wir waren froh, dass ein riesiger Partner wie Adidas das auch so gesehen hat.

Mit diesem Partner haben wir auch die Massen in Bewegung gesetzt, Marketingleute nennen das Aktivierung. Es gab damals sieben Performance-Stores der Firma in Deutschland. Die Performance-Linie von Adidas passte perfekt zu uns. Die FIFA-Twins besuchten mit einem SK-Event-Team alle diese Stores, bauten die Playsi[35] oder Xbox[36] auf und zockten dann dort, um über E-Sport

Adidas zu vermarkten. Kunden durften gegen die beiden Stars spielen. Wer ein Unentschieden oder einen Sieg gegen unsere Jungs holte oder wer ein Tor schoss, sollte Preise gewinnen. Unsere Jungs haben allerdings ernst gemacht. Sie hatten eine unfassbare Quote, gewannen also fast alles und wir haben direkt alle sieben Stores bespielt. Wenn ich mich recht erinnere, war die Quote irgendwas mit 1800:52 geschossenen Toren für die FIFA-Twins.

Damals kam fast jeder, der FIFA als Spiel gut fand, in die Stores und dachte sich wohl: „Ach, komm, so groß wird der Skill-Unterschied schon nicht sein." Doch dann haben die Leute gemerkt, wie groß die Abstände im Niveau sind.

Die Stores werden von Franchise-Nehmern geführt, sie gehören dem Konzern nicht. Adidas konnte den Partnern aber Dinge vorgeben – so war es auch bei der Tour mit den FIFA-Twins. Die Betreiber der Geschäfte haben uns nach unserer Aktion geliebt. Vorher erfuhren wir allerdings klare Ablehnung, das kann man schon so sagen.

Denn wir haben gemacht, was diese Franchises in ihrer Denke eigentlich gar nicht gebrauchen konnten: Wir sind da abends an einem Freitag angekommen, haben die Verkaufsfläche zum Teil in Beschlag genommen, nur um dann samstags den normalen Kundenverkehr zu stören. So muss sich das zumindest für diese Inhaber angefühlt haben. Für uns fühlte es sich so an: Wir sind jeden Freitag gegen eine Wand des Widerstands gelaufen. Die Franchise-Nehmer haben uns das Leben schwer gemacht. Die Laune war also anfangs immer schlecht.

Irgendwann merkten diese Leute aber immer, dass wir gar nicht so doof waren. Am Samstagabend waren wir dann auf einmal best buddies. Diese Samstage stellten sich nämlich als umsatzstärkste Tage des Quartals heraus – das war bei allen Franchises so. Die Läden haben alle von uns und der sogenannten Adidas FIFA Store Tour profitiert. Es lag an uns, die Kampagne entsprechend in der Community zu bewerben, und das taten wir. Ein mediales Ereignis mit digitaler Inszenierung, die zu Events direkt am sogenannten Point of Sale einlud. Keine Rocket Science, klar, aber es erzielte seine Wirkung und kam in der Community richtig gut an. Viele wollten mitmachen und hatten Bock.

Leider ging die Episode mit Adidas aber unschön zu Ende. Trotz eines mehrjährigen Vertrags bestand man in Herzogenaurach darauf, die Partnerschaft frühzeitig und einseitig zu beenden. Das Erfolgsrezept von 2006 wollte man so nicht mehr. Klar, wir hätten den Rechtsweg wählen und auf dem Vertrag bestehen können. Aber das hätte ewig gedauert und wäre wegen der Anwaltskosten teuer geworden.

Die Stores, mit denen wir bis dahin zusammengearbeitet hatten, waren natürlich nicht begeistert. Die wollten jetzt, dass die ursprünglich verhasste Kooperation mit SK weiterläuft. Alle Kennzahlen waren gut und die Kampagne hatte hervorragend funktioniert. Aber Adidas hatte sich, vermutlich aus politischen Gründen, gegen eine Weiterführung entschieden. SK Gaming war eben mehr als FIFA. Wir waren auch *Counter-Strike* und flogen nicht mehr intern unter dem Radar, dazu war das alles mittlerweile zu präsent. Und es gab sicherlich bei Adidas intern Manager, die dem Ganzen generell kritisch gegenüberstanden – eine Problematik, der wir immer wieder begegnen sollten und die uns bis heute begleitet, aber dazu später mehr.

Nach diesem für uns unerfreulichen Ende der Kooperation mit Adidas hat das Unternehmen immerhin Ende 2009 Wiedergutmachung betrieben. SK wurde Teil einer großen Social-Media-Kampagne rund um die deutsche Fußballnationalmannschaft. Damit haben sie ausgeglichen, was uns vorher verlorengegangen war. Für uns war das kaum Aufwand, weil wir im Prinzip nur ein Werbemittel eingebunden haben. „Water under the bridge and no hard feelings."

Die Kampagne war für Sportwebseiten gedacht, zum Beispiel für Sport1, und da waren wir die Exoten. Das war cool. Ziel war es, durch die Werbung auf all diesen Seiten Besucher auf die eigentliche Kampagne zu ziehen. Der meiste Traffic, also Besucher auf der Website, kam über unsere Inhalte zu Adidas, was mich definitiv nicht wundert. Unsere Community hat traditionell gute Conversions. Selbst klassische Sportwerbung war teilweise schlechter als unsere, was die Wirksamkeit angeht. Und so muss man auch sagen: Im Verhältnis zu den anderen teilnehmenden Webseiten kam vom Budget kaum etwas bei uns an, wir aber lieferten wirklich viele Besucher für die Adidas-Kampagne.

Es hat trotzdem Spaß gemacht, solche Dinge zu testen. Es war auch ein „proof of concept": Wenn du die junge Zielgruppe haben willst, dann läuft das über uns. Wir waren da einfach die Besten. Das ist keine Großkotzigkeit, sondern einfach Fakt. Bis dahin zu kommen, war richtig viel Arbeit. Aber wir waren stolz, darauf, das erste Team mit so einem Deal zu sein. Alle anderen kamen erst danach und haben uns als Vorlage, als Sprungbrett genutzt.

Ich hätte sehr gern weiter mit diesem Konzern gearbeitet. Aber die Zeit war wohl noch nicht reif. Das Ganze hatte ja klein angefangen, war anfangs nur ein Mini-Marketing-Konzept. Dann kam eins zum anderen und die Kampagne schlug richtig Wellen. Auch direkt im Konzern. Und auf einmal fällen Menschen im Unternehmen Entscheidungen, die gegen dieses Konzept wirken. Da geht es nicht um Logik oder Folgerichtigkeit. Es geht um Entscheidungen um der Entscheidung willen. Man will einmal zeigen, wer eigentlich der Boss ist. Das hat gar nichts mit Marken und Chancen zu tun.

Ich glaube, dass Adidas bei diesem Deal eine riesige Chance verpasst hat. Man hätte für kleines Geld die wichtigste Sportmarke im E-Sport sein können. Und vor allem hätte Adidas super zu SK gepasst. Zwei Pioniere aus Deutschland, beide mit hochemotionalen Inhalten. Wir haben im E-Sport eine so wunderbare Zielgruppe, man hätte so viele coole Dinge miteinander machen können. Das war doch ein wilder, wuchernder Markt voller Ideen. Das wäre für beide Markenwelten von Adidas super gewesen, sowohl für Performance, als auch für Originals. Aber manchmal passt das Timing einfach nicht. Adidas war noch nicht so weit als Konzern. Heute gibt es in Herzogenaurach für E-Sport verantwortliche, Koordinatoren, man ist tief in ein Spiel wie *Fortnite* integriert und findet das extrem innovativ. Ist es auch, keine Frage, aber eben 18 Jahre, nachdem man schon eingestiegen war. Ich denke, dass man bessere Wege hätte finden können, wenn man sich getraut hätte. Der Marke hätte das mit Sicherheit nicht geschadet.

Meine Home-Office-Struktur änderte sich zum 1. Januar 2007. Da durften wir coole Büroräume beziehen, in der Löwengasse 1 in Köln. Wir bleiben bis 2018 dort, es war eine großartige Zeit. Ich bekomme jetzt noch Gänsehaut, wenn ich daran zurückdenke. Bis heute stehen wir draußen auf dem Klingelschild (zumindest war das so, als ich vor einigen Wochen aus nostalgischen Gründen kurz da war). Das Office bezogen wir damals zusammen mit Cengiz Tüylü, dem damaligen Besitzer des sehr erfolgreichen Teams mousesports. Das haben wir im Übrigen bis 2018 so gehandhabt – SK Gaming und mousesports unter einem Dach. Viel mehr geballte E-Sport-Power kann man örtlich nicht vereinen, jedenfalls nicht in Deutschland.

Wir waren damit im Jahr 2007 die Ersten, die so ein Arbeitsumfeld hatten: mit Trainingsraum, Schreibtisch-Arbeitsplätzen, Meetingraum. Da sind unsere Mitarbeiter hingekommen und haben wie in einem ganz normalen Büro am Schreibtisch gesessen und gearbeitet. Es gab Büroschränke und Aktenordner. Auch im nächsten Büro hatten wir unsere Möbel von 2007 noch, bis wir Ende 2023 wieder umgezogen sind. Dann wurde neues Mobiliar angeschafft. Die alten Regale haben wir günstig an unsere Mitarbeiter abgegeben, die haben tatsächlich 17 Jahre gehalten. Das war uns immer wichtig: Geld sollte nicht unnötig verschwendet werden. Die Monitore, die wir heute nutzen, stammen teilweise noch von Partnern und Sponsorships von damals. Aus Nachhaltigkeitsgründen versuchen wir inzwischen auch, weitgehend papierlos zu arbeiten. Wenn es um die Themen Sparsamkeit und Nachhaltigkeit geht, sind wir halt sehr deutsch.

Wir haben immer Kosten gespart, wir haben gebootstrapped.[37] So nennt man das in der Startup-Welt. Wir haben Geld nur ausgegeben, wenn es sinnvoll war, etwa für die Infrastruktur der Teams oder Spielergehälter. Wir brauchen keine Designerstühle oder -tische. Wichtiger ist uns, dass die Mitarbeiter in einem gesunden Umfeld arbeiten, also etwa mit höhenverstellbaren Tischen und rückenschonenden Stühlen. Im E-Sport herrscht oft mehr Schein als Sein – das ist nicht unser Ansatz. Unser Mindset ist:

Was wir machen, muss immer einen guten Grund haben. Sonst machen wir es nicht. Statussymbole haben uns dagegen weniger interessiert. Okay, aufmerksamer Leser, das war vielleicht ganz am Anfang noch anders, man erinnere sich an die ersten Dienstwagen beim Gamers Network im Jahr 2000 ...

Manchmal blicke ich etwas irritiert auf die aktuelle E-Sport-Generation. Da werden hochtrabende Business-Pläne für die nächsten fünf oder sieben Jahre geschrieben mit einer Wachstumsannahme von 60 bis 70 Prozent oder so. Und dann sitzen wir da und denken uns: Nee, das wird nicht klappen. Wir haben in über 25 Jahren eine gesunde Wachstumsrate von 20 Prozent jährlich hinter uns. Viele holen sich heute extern Investment rein und verfeuern das dann, weil sie sich selbst feiern und die Fassade schön sein soll. Die bringen aber den Sport null voran. Wer den Sport voranbringen möchte, der steckt Geld in Infrastruktur für seine Teams oder Events in der Lanxess Arena in Köln, aber nicht in fancy Autos und Paläste. E-Sport soll schließlich für die Zuschauer da sein. Die sollen ihr Investment auch refinanziert bekommen. Nicht zwangsläufig in Geld, aber ganz sicher in Emotionen und Happening. Wenn ich sehe, dass sich Leute einen Whirlpool ins Office stellen, der fünf Prozent vom Jahresbudget schluckt, dann denke ich: Das ist doch falsch. Aber es gibt viele im E-Sport, die das so machen, zu viele. Es fehlt so oft die Substanz, das ist keine nachhaltige und ganzheitliche Arbeit. E-Sport ist eine moderne und nachhaltige Bewegung und kein Blendwerk. So sehen wir das, dafür steht SK Gaming.

## Neue Versuche: *World of Warcraft, Heroes of Newerth, Starcraft 2, Dota 2, Call of Duty* und Konsolen-E-Sport

2007 haben wir die G7 initiiert, einen Zusammenschluss der sieben wichtigsten und größten Teams im E-Sport, der vor allem in den Spielen *Counter-Strike* und *Warcraft 3* aktiv war. Mit dabei waren neben uns unter anderem mousesports, fnatic und MeetYourMakers (MYM). Die G7 haben sich das erste Mal bei uns in Köln im Office getroffen. Es ging vor allem darum, am Runden Tisch ein paar Dinge zu diskutieren. Die Kernfrage lautete: Wie können wir im E-Sport gemeinsam besser werden und zusammenarbeiten?

Dabei war uns allen klar, dass wir auch Konkurrenten waren. Aber miteinander geht es besser als immer nur gegeneinander. Die G7 sollte ehrliche Gespräche bringen, um wichtige Themen zu klären und anzugehen.

Ich war einer der Treiber dieser G7. Nach anfänglichen Gesprächen ist leider in der Praxis nicht viel daraus geworden, weil die Eigeninteressen der Mitglieder das Gemeinsame überschatteten. Rückblickend kann man aber sagen, dass etwa Projekte wie das Louvre Agreement[38] in *Counter-Strike* auf der Idee hinter der G7 fußten. Damals haben wir erstmals etwas gemeinsam auf den Weg gebracht und ich glaube, dass viele der heutigen übergeordneten Initiativen denselben Spirit verfolgen. Es geht nicht mehr darum, sich immer nur die Köpfe einzuhauen, sondern darum, etwas gemeinsam nach vorne zu bringen. Es geht nicht nur darum, dass mein Team besser ist als deins. Für mich gehört das zum Erwachsenwerden des E-Sports.

Zum Erwachsenwerden gehörte auch unser Office. Es hat unheimlich viel Spaß gemacht, dort zu arbeiten und die Mitarbeiter dorthin zu holen. Vorher waren das eher Online-Jobs mit Redaktion, Verwaltung und Teammanagement. Durch das Office hat sich das geändert. Wir haben auch zusammen unsere und andere Matches geschaut. Das war ein kleines Public Viewing auf zwei ausgemusterten Plasma-TVs. Ein Bekannter baute uns die entsprechenden Ständer dafür, wir haben sie mit einem kleinen PC verbunden und das Ganze dann ans Internet angeschlossen. Fertig war eine aus heutiger Sicht primitive Form des Online-Streamings. Aber 2007 war das etwas sehr Besonderes.

Teams, Spielevorstellungen, Events, generelles Gaming: Wir haben neben der normalen Arbeit alles geguckt, was es zu sehen gab. Und dabei versucht, für uns selbst Erkenntnisse abzuleiten. So ist es im E-Sport üblich: Man will jeden Tag besser sein als am Tag davor.

Zu der Zeit nahmen wir auch neue Titel in unser Portfolio auf, etwa *World of Warcraft*, *Heroes of Newerth*, *Starcraft*

2, *Dota 2*, *Call of Duty* und Konsolen-E-Sport. Das kam nicht alles auf einmal, sondern nach und nach.

Wir haben damals auch unsere Webseite ausgebaut. Man konnte sein eigenes Profil erstellen, samt Avatar und Profilinformationen. Damit war die Webseite Dreh- und Angelpunkt für Spieler aus der ganzen Welt. Man musste ein Profil bei uns haben, ansonsten hieß es: „Who the f*ck are you?". Wenn man bei SK kein Profil besaß, galt man nicht als seriöser Gamer.

Hier hatten wir Andreas viel zu verdanken. Er hat zum Beispiel *World of Warcraft* bei uns eingebunden und die Schnittstellen richtig ausgelesen und ausgewertet. Auf diese Weise konnten wir Daten aus dem Spiel direkt auf unsere Webseite übertragen. Die Spieldaten von *World-of-Warcraft*-Spielern waren so auch bei uns einsehbar – und zwar für andere Spieler aus der ganzen Welt. Das war damals eine einmalige Umsetzung. Spieler konnten so etwa ihre Spielklasse, ihr Level und ihre Erfolge darstellen und die von anderen einsehen.

Ein wichtiger Bestandteil dieser *WoW*-Kultur sind bis heute die World's First.[39] Wenn ein Raid oder eine neue Instanz herauskommt und du darin zehn neue Bosse aus dem Weg räumen musst, geht es darum, welche Gilde (ein Zusammenschluss von 50 oder 60 Spielern) es als Team zuerst schafft, den letzten Boss auf der höchsten Stufe zu erledigen. Das Ganze dauert dann gute drei bis vier Wochen. Es gehört natürlich viel mehr dazu: Taktik,

Strategie, Teamplay, Timing und vor allem Beharrlichkeit. Hunderte Male musste man neu ansetzen, bis man verstand, wie genau man die Sache am besten anging. Das ist heute noch so.

So wurden wir vom E-Sport-Team zu einer globalen Community von Gleichgesinnten. Man tauschte sich bei uns aus und machte Dinge zusammen.

Dieser Schwung kam von *World of Warcraft*, *Warcraft 3* und vor allem *Counter-Strike*. Parallel dazu haben wir auch einen Video-Player eingebaut. Damit teilten Spieler mit der ganzen Welt die eigenen Clips von richtig guten E-Sport- und Gaming-Momenten. Das hatte damals kein anderer. Wir hatten einen richtig guten Deal mit unserem Hosting-Partner ausgehandelt: Wir würden dicke Festplatten liefern, um genug Speicherplatz für die ganzen Videos zu haben. Im Gegenzug würde sich unser Partner um den Traffic kümmern. Anders hätten wir das auch gar nicht leisten können. Das Ding war sofort enorm erfolgreich.

Befeuert von unserem Marketing, hat all das dazu geführt, dass wir mit unserer englischsprachigen Version zur größten E-Sport-Teamseite der Welt wurden. Damals erlebte auch Frankreich das große E-Sport-Erwachen. Und zack: Die ganzen französischen E-Sportler und deren Fans kamen auf unsere Webseite, um sich zu informieren. Irgendwann fingen die Franzosen natürlich an, eigene Portale zu bauen, aber bis dahin waren sie hauptsächlich bei uns unterwegs.

Wenn wir Turniere gewannen, haben wir das direkt auf der Webseite gemerkt. Siege in den USA schlugen besonders ein, da war der Traffic auf unserer Webseite kaum noch zu bewältigen. Wir waren damals halt „das Team". Wenn wir als Exoten die US-Turniere dominierten, sind die Amerikaner auf unsere Webseite gegangen und haben unseren Content gelesen. Die hatten zu der Zeit auch noch keine guten eigenen Seiten. Das kam erst später, ähnlich wie bei den Franzosen. Später sind die User aus den USA also auch wieder abgewandert. Und das war auch bei anderen Ländern so, der Türkei zum Beispiel. Erst war der Traffic bei uns, später entstanden türkische Portale und Webseiten und ein Teil des Traffics wanderte logischerweise zu diesen neuen Angeboten ab. Wir als SK sahen uns als Wegbereiter einer globalen Community. So kamen wir auch Jahre später in Kontakt mit unserem brasilianischen *Counter-Strike*-Team, das wir von 2016 bis 2018 unter Vertrag hatten.

Wir haben Community gelebt, wurden von unseren Usern geliebt und liebten sie zurück. Das war mit viel Loyalität verbunden. Ein großer Prozentsatz unseres Traffics (ungefähr 70 Prozent) kam und kommt aus dem DACH-Raum.[40] Aber diese globale DNA, die spüre ich immer noch. Das wird immer ein Teil von uns bleiben.

Ein wichtiger Aspekt war nicht nur die Vielfalt der Menschen in der Community, sondern auch die der dort abgebildeten Games. Ich habe mal eine Studie gelesen, die zeigte, dass SK zu den vier wichtigsten Gaming-Brands in China gehört. Warum auch immer. Vermutlich, weil wir auch sehr aktiv in *Warcraft 3* gewesen sind, einem Spiel, dass in China großen Anklang gefunden hat. Chinesische Spieler hatten wir zwar nicht unter Vertrag, aber unsere Spieler haben eben Turniere gegen sie gewonnen.

Bei *World of Warcraft* konnten wir einige Erfolge erzielen, aber auch andere Spiele prägten unser Profil. *Starcraft 2* war zum Beispiel ein interessanter Ausflug. Im Prinzip hat *Starcraft 2* im Jahr 2010 ja *Warcraft 3* als wichtigsten RTS-Titel[41] abgelöst. Da gibt es zwei mögliche Teamstrategien: Entweder du steigst als Clan direkt voll ein und meldest Ansprüche an. Das erfordert einen hohen Einsatz mit Talentscouting und dem Verpflichten von Spielern. Im Fall von *Starcraft 2* war der Markt aber schnell überhitzt, mit extremen Spielergehältern und unrealistischen Erwartungshaltungen. Oder du lehnst dich zurück und schaust erst einmal, wie sich dieser neue Titel entwickelt. Du wartest, bis der Staub sich gelegt hat, und lässt erstmal die anderen machen.

Wir entschieden uns bei *Starcraft 2* für die zweite Variante. Das Ganze wurde kritisch beäugt. Hatte SK seinen Glanz verloren? Waren wir nicht in der Lage, Top-Spieler zu uns zu holen? Überließen wir anderen das Feld? Man attestierte uns, dass wir den Markt verschlafen hätten. Erst nachdem wir eine Weile abgewartet hatten und uns absolut sicher waren, wen wir wollten, legten wir los und verpflichteten einen Spieler. Das war damals MC, ein südkoreanischer Top-Spieler. Der ist dann für uns losmarschiert und hat direkt nach seiner Verpflichtung zwei Turniere gewonnen. Da herrschte direkt ehrfurchtvolle Stille um uns herum. Der eine oder andere war von unserer anfänglichen Zurückhaltung vielleicht irritiert. Aber wir sind hier halt einen anderen Weg gegangen. Manchmal muss man Geduld haben.

Das heißt nicht, dass die anderen keinen guten Job gemacht hätten. Haben sie nämlich. Aber bei SK lassen wir uns ungern zu unüberlegten Handlungen verleiten. Vor allem nicht, wenn wir beweisen können, dass unsere Strategie auch gut ist – ein Weg, auf dem wir kein Geld verbrennen.

Genau diese Dynamik hatten wir schon in der *Quake*-Ära. So wie *Warcraft 3* irgendwann von *Starcraft 2* abgelöst wurde, kam nach *Quake* das Spiel *Painkiller*, samt einer World Tour der CPL, einer Turnierserie mit Stops auf allen Kontinenten, die dann in ein großes Finale beim Musiksender MTV in New York münden sollten. Ein ziemliches Spektakel. Da haben wir auch erst einmal in Ruhe zugeschaut, denn die *Painkiller*-Spieler waren fast alles ehemalige *Quake*-Profis. Unsere Spieler hast du da aber nicht auf dem Siegerpodest gesehen, obwohl die durchaus in der Lage gewesen wären, bei den World-Tour-Stops in die Top Drei oder Vier zu kommen und so wertvolle Punkte für das Qualifikationsranking für das Abschlussturnier zu sammeln. Gewonnen hat nahezu jeden der Stops der Niederländer Vo0 vom Team fnatic. Auch die US-amerikanische *Quake*-Legende Fatal1ty hat konstant oben mitgemischt, was durchaus beeindruckend war.

## Zurück zu den Wurzeln: *Quake*

Die englische Organisation fnatic ist bei jedem Tourstop vor Ort gewesen und war so sehr eng an den eigenen Spielern, aber eben auch an allen anderen dran. Wir haben das nicht so gemacht, sondern uns um andere, in unseren Augen wichtigere Dinge gekümmert. Wir waren also nie ein aktiver Teil dieses *Painkiller*-Zirkus und schlussendlich hat das Spiel auch nicht lange gehalten, gerade mal ein Jahr. Ich persönlich war nur beim letzten Stop der CPL World Tour in New York. Das war schon cool damals. Johnathan Wendel, Nickname Fatal1ty, gewann das Finale in New York überraschend gegen Vo0, den Favoriten, der das gesamte Jahr über eigentlich dominiert hatte. Ein unfassbar geiler Moment für ihn. Da habe ich mich wahnsinnig mitgefreut. Wir hatten und haben ein sehr enges Verhältnis (ich erzähle gleich noch in einer Anekdote, warum). Aber nach diesem Triumph wechselten die Spieler relativ schnell von *Painkiller* zu *Quake 4*.

Bei *Quake 4* hätten wir auch gern gute Spieler gehabt, waren aber noch so etwas wie der Underdog in der Szene, weil wir kaum präsent waren. Alle Top-Spieler aus der *Painkiller* World Tour waren schnell bei anderen Teams unter Vertrag. Um uns herum hatten nahezu alle anderen Teams die freie Wahl gehabt. Ein Gefühl wie beim Sportunterricht, wenn du als Letzter in ein Team gewählt wirst. Nicht unbedingt unser Anspruch und schon gar nicht unser Selbstverständnis. Für uns blieb Johan „toxjq" Quick übrig, ein junges Talent, der bislang nicht mit Turniersiegen in Erscheinung getreten war. Doch dieser unscheinbare, stille Schwede der *Quake-4*-Szene dominierte im Folgejahr dann nahezu jedes Turnier. Das war der Wahnsinn. Alle anderen Teams hatte sich die besten Spieler von der vorherigen World Tour geschnappt, ihnen gute Verträge angeboten, zahlten hohe Gehälter. Wir hatten Johan. Das war auch witzig, wenn man damals auf andere Manager traf. Die wussten genau: SK hat nur den einen Spieler bekommen, aber jetzt gewinnen sie Turnier um Turnier. Man sah den Frust in ihren Augen.

Mit Johan zu arbeiten, hat unglaublich viel Spaß gemacht. Er war so ein junger, eiskalter, hungriger Spieler, der alles ausstrahlte, was E-Sport für uns ausmacht. Wir haben richtig viel Glück gehabt, gepaart mit guten Entscheidungen und dem Momentum, das auf unserer Seite war. Auf diese Weise konnten wir exakt zum richtigen Zeitpunkt den für uns richtigen Spieler holen, ohne das in dem Moment wirklich zu wissen. Es hat ihn auch sehr stolz gemacht, das SK-Jersey zu tragen. Ich glaube, das hat ihn zusätzlich gepusht. Wir kannten uns aus der *Quake-3*-Zeit, als das Spiel noch vier-gegen-vier gespielt wurde. Gemeinsam mit seinem Bruder spielte er in einem Line-up oft gegen SK.

Im Prinzip war Johan der Kumpel, der mitspielen durfte, obwohl ihn eigentlich keiner im Team haben wollte. Deshalb war er so wahnsinnig motiviert und auf einmal sogar der Beste auf dem Platz. Das war geil. Ich habe es extrem genossen, ihm beim Spielen zuzusehen. Er hat mit einer absolut überlegenen Taktik das Spiel beherrscht, seine Gegner gelesen und eiskalt reagiert. Zeigte man ihm gegenüber eine Schwäche, dann nutzte er diese gnadenlos aus, bevor man es überhaupt selbst realisiert hatte. Das war schon nahezu perfekt, was er spielte. Später habe ich das so nur noch einmal bei einem Spieler gesehen, bei Shane „rapha" Hendrixon, aber zu ihm kommen wir noch.

Nun also zu meiner Anekdote über „Fatal1ty", den ich oben schon erwähnt habe. Es war meine erste Begegnung mit einem echten E-Sport-Superstar. Wir hatten sofort einen gemeinsamen Vibe, wie man so schön sagt, und den haben wir tatsächlich bis heute. Kurzer Sprung zurück ins Jahr 2000, zur ersten CPL in Köln: Zu manchen Spielern hat man ein besonders Verhältnis. Bei Johnathan, also Fatal1ty, war das von Anfang an so. Im Event Center am Rheinauhafen trugen wir damals als Veranstalter zwei Turniere aus: *Counter-Strike* und *Quake*. Es waren einige bekannte Spieler für das *Quake*-Turnier angemeldet, unter anderem aus Schweden und Russland. Und auch Johnathan hatte sich angemeldet, als bester Spieler der Welt, der extra aus Amerika einreisen würde. Keiner von uns hatte ihn bis dahin getroffen, aber er hatte schon Legendstatus. Wir dachten nur: „Geil, unser erstes Turnier und es meldet sich direkt Fatal1ty an". Für uns war das, als würden wir ein Fußballturnier veranstalten und Lionel Messi oder Cristiano Ronaldo meldeten sich an. Irre.

Einen Tag bevor es losgehen sollte, waren wir so gut wie fertig mit dem Aufbau der ganzen Technik und der Infrastruktur. Plötzlich kam da so ein Typ in die Event-Location hereingeschlurft. Man kannte Bilder von ihm. Ich sagte: „Ich glaube, das ist Fatal1ty."

Ich bin sofort zu ihm hingelaufen (ich war jung und unbedarft), erklärte ihm, wer ich war und dass ich für die Partner und die Organisation zuständig sei. Er erzählte, dass er gerade aus den USA eingetroffen sei und noch gar keine Übernachtungsmöglichkeit gebucht habe. So war das damals noch, man packte seine Tasche, flog einfach mal 9000 Kilometer nach Europa und vertraute darauf, dass der Rest sich schon irgendwie ergeben würde. Wir halfen ihm und telefonierten alle Hotels in der Stadt ab. Doch die Suche war erfolglos, denn zeitgleich zum Turnier fand in Köln eine große Messe statt. Alles restlos ausgebucht.

Wir haben versucht, ihn bei Kollegen unterzubringen. Das war aber zu spontan. „Beim nächsten Mal gerne, aber so schnell schaffe ich das nicht", war der Tenor. Dann habe ich gesagt: „Hör mal, ich wohne in Ehrenfeld. Ich kann dir meine Schlafcouch im Wohnzimmer anbieten." Ich hatte zu der Zeit ein Doppelbett, was ich mir während des Turniers mit Ralf Reichert teilte. Sowas war in unserem Alter damals kein Problem und unter Kollegen üblich. Für Johnathan war das dann auch die optimale Lösung. Wir bildeten sozusagen eine echte E-Sport-WG auf Zeit.

Ich besaß damals einen *Quake-3*-Wohnzimmertisch. Einer meiner besten Freunde, Stefan, hatte mich damit überrascht. Holzplatte, *Quake*-Logo reingefräst und Glasplatte drauf. Das fand Johnathan ziemlich cool. Über Themen wie Compliance haben wir damals gar nicht nachgedacht. Es wäre auch Schwachsinn gewesen, der Junge brauchte schließlich ein Bett. Deshalb war das Hilfsangebot unter E-Sport-Kollegen selbstverständlich, auch wenn wir für das Turnier, das er gewinnen wollte, verantwortlich waren.

Er spielte also bei unserem Turnier in Köln. Da er noch unter Jetlag litt, konnte er teilweise bis vier Uhr nachts trainieren und ist dann zu uns rüber zum Pennen. Manchmal haben wir auch einen Film in den DVD-Player gelegt. An einem Abend sind Ralf und ich nach dem Turnier nach Hause gekommen. Da dröhnte es schon im Treppenhaus aus meiner Wohnung. Beim Aufschließen ohrenbetäubender Lärm. Es war, als würden F14-A-Tomcat-Kampfjets durchs Wohnzimmer fliegen. Und da lag Johnathan im Tiefschlaf. Er hatte sich *Top*

*Gun* angeschaltet und war dann bei voller Lautstärke eingeschlafen.

Johnathan gewann schließlich das Turnier, das war standesgemäß, und wir sind dann anschließend noch alle zusammen in Köln unterwegs gewesen. Wir gingen ins Königswasser, einen angesagten, geilen Laden, der zeitweise praktisch unser zweites Wohnzimmer war. Da bist du eine Treppe runtergegangen und dann stand da zum Beispiel so ein riesiges Aquarium mit Zierfischen drin. Es gab eine kleine Bar und eine Tanzfläche. Sehr cool.

Wir waren mit dem kompletten Team da, rund 25 Leuten. Und wie der Zufall so will, waren wir pünktlich zu einem „Königswasser Special" in den Laden gestolpert – was wir aber nicht wussten. Das, was man bestellte, bekam man dann gleich zweifach. Als Turniersieger schmiss Johnathan erstmal eine Lokalrunde Shots. Nur wurden diese eben gleich in doppelter Anzahl serviert. Das zog sich als Motto durch den kurzweiligen Abend. Wir haben richtig gefeiert. Wir wussten auch, dass Johnathan am nächsten Morgen wieder früh zum Flughafen musste. Schließlich wartete auf ihn in Dallas das nächste CPL-Turnier.

Irgendwann um drei oder vier Uhr morgens waren wir wieder in der Wohnung und Johnathan sollte um sechs Uhr mit dem Taxi abgeholt werden. Wir haben dem Taxifahrer dann noch extra 50 Euro gegeben und gesagt: „Bring den Jungen nicht nur zum Flughafen, sondern zum Gate und schau, dass der heil im Flugzeug ankommt." Einen Tag später sahen wir in den News auf einer Webseite, dass er zu spät zum Turnier erscheinen würde. Uns war klar, dass die Party der Grund war. Wir hatten ein fürchterlich schlechtes Gewissen.

Es war aber alles ganz anders: Johnathan hatte es tatsächlich pünktlich in den Flieger geschafft. Auf seiner Reise nach Dallas musste er allerdings zwei Zwischenstopps machen und bei einem davon steckte er dann in einem Schneesturm fest. Deswegen kam er zu spät zum Turnier, wir konnten also gar nichts dafür. Soweit ich mich erinnern kann, hat er das Turnier dann nicht nur gespielt, sondern auch gewonnen – trotz aller Widrigkeiten. Das zeigt wieder einmal, welches Kaliber er hatte.

Johnathan und ich sind seither Freunde oder zumindest gute Bekannte. Deswegen war es auch für mich persönlich so schön, ihn Jahre später in New York im *Painkiller*-World-Tour-Finale triumphieren zu sehen. Leuten, die so viel in den E-Sport investieren, gönne ich diesen Erfolg. Johnathan ist einer davon, absolut, SK hin oder her. Uns verbindet das größere Ganze. Johnathan hat nie fest für einen Clan gespielt, er war seine eigene Marke. Aber ich fand seinen Weg extrem cool, dieses Prinzip des einsamen Wolfs. Deshalb hat er auch immer nur Arena-Shooter im Eins-gegen-eins gespielt. Ein Teamplayer war er nie. Das war nicht sein Mindset. Einen Ausflug ins Fünf-gegen-fünf im Spiel *Counter-Strike* hat er versucht, konnte da aber bei weitem nicht die Akzente setzen, die man von ihm gewohnt war.

Springen wir nochmal in die *Quake-4*-Ära. Da hatten wir mit Johan nun also diesen sehr talentierten Spieler, der wider Erwarten alles gewann, unter anderem beim Multigaming[42]-Turnier, der World Series of Videogaming (WSVG). SK hatte mehrere Teams und Spieler in diesem Format am Start. Wir traten dort beispielsweise auch in *Counter-Strike* und *Warcraft 3* an. Ein Jahr nach dem Finale von *Painkiller* in New York gipfelte nun auch die WSVG in einem Final Event in New York. In den wichtigsten Disziplinen *Counter-Strike, Warcraft 3* und *Quake 4* wurden die Titel ausgespielt und es kam wie ein Jahr zuvor in *Quake* zum Showdown zwischen Johan, der das Jahr komplett dominiert hatte, und Jonathan. Erinnerungen an *Painkiller* kamen in mir hoch, als das Finale losging. Aber anders als noch ein Jahr zuvor, ließ der Favorit hier keinen Zweifel aufkommen. Johan machte genau da weiter, wo er aufgehört hatte, und gewann den Titel. Was für eine Genugtuung. Was für eine Reise, nach allem, was im vorherigen Jahr passiert war rund um die *Painkiller*-Spieler und die Wechsel. Johan hatte abgeliefert. Und SK ebenso. Einmal mehr hatten wir bewiesen, wofür wir standen.

Grundsätzlich verfolgten Companys damals unterschiedliche Strategien, wenn es darum ging Spieler und Teams für sich zu gewinnen. Wir waren definitiv auf der Gewinnerseite. Das galt gerade, wenn es ums Holen und Halten von

Spielern ging. Das Taktieren der anderen Teams war mir immer zuwider. Solche Spielereien gingen häufig nicht auf, während der gerade Weg von SK meist zum Erfolg führte.

Wir hatten noch andere bekannte Namen in unserem „Heimatspiel" *Quake*. Zum Beispiel John „ZeRo4" Hill, ehemaliger Weltmeister und Spitzenspieler, der 2008 für uns spielte. John, dessen Karriere langsam zu Ende ging, erzählte mir, dass er viel mit einen gewissen Shane Hendrixson aus den USA trainiere. Shane, Nickname rapha, würde sich ziemlich gut schlagen aber noch unter dem Radar fliegen. Ich solle ihn mir mal anschauen, zu SK holen und ihm mindestens 18 Monate Zeit geben, dann würde er in *Quake* Turniere gewinnen können. Dieser Leak war wirklich gut. Heute kennen alle rapha als einen der besten Spieler der Welt und der *Quake*-Geschichte.

Wir sprachen also diesen damals noch weitgehend unbekannten Shane an und legten ihm einen Vertrag vor. Er war überzeugt von SK und unterschrieb. Beim nächsten Turnier wurde er direkt Zweiter, das darauffolgende gewann er. Wahnsinn! Wir hatten mit John einen Flüsterer im Netzwerk, der einfach Bock auf SK hatte, und das galt auch für viele vor und nach ihm. Uns wurden häufig Talente sehr früh vorgeschlagen, was sich bei Leuten wie Shane total ausgezahlt hat. Am Ende ist E-Sport eben „People Business". Shane unterschrieb ab Juli 2008 bei SK und ist dann über acht Jahre bei uns geblieben. Kein Spieler hat je mehr Titel gesammelt und so ist es nicht überraschend, dass er im August 2016 den letzten Weltmeistertitel für SK gewann. Danach folgten noch viele weitere Titel für ihn.

Ich habe schon viel über Johan Quick erzählt, wie unglaublich stark er im Jahr 2006 aufspielte. Was er ablieferte, war nahezu perfekt. Shane war dann so etwas wie die logische Weiterentwicklung von Johan. In knapp drei Jahrzehnten hat kein Spieler so konstant und professionell gespielt wie Shane, weder bei SK noch sonst irgendwo. Auch ein Faker in *League of Legends* ist für mich nicht auf diesem Niveau. Mir ist bewusst, dass wir hier eine lange Diskussion führen könnten, aber wenn ich rein auf die Leistung und den Zeitraum schaue, dann ist Shane die absolute Ausnahme. Ich glaube auch nicht, dass man das noch toppen kann. Hätte er eine Rückennummer, wir würden sie mit großer Wahrscheinlichkeit nicht mehr vergeben.

In *Quake* musste man aber auch ein Stück weit Idealist sein. E-Sport wird darin nämlich nicht so gut bezahlt wie in vielen anderen Spielen. Es hat schon viel mit Herzblut zu tun, wenn man diesen Titel so lang auf höchstem Niveau spielt. Shane ist dann 2017 von uns zu Team Liquid gewechselt und spielt dort bis heute. Das kann ich auch verstehen und finde es cool, dass er die genauso als Heimat ansieht wie SK. Ich finde Team Liquid auch extrem geil, die machen wirklich einen guten Job. Für Shane und die Kollegen freut es mich sehr, er ist kein Teamhopper. Soll heißen: Er springt nicht von Team zu Team, sondern ist einmal gewechselt und dann dortgeblieben.

+ + + **1** Das legendäre 2003er CS Lineup: elemeNt, HeatoN, Potti, ahl, SpawN und fisker (von links nach rechts) + + + **2** Das 2005er CS Lineup nach dem großen 2004er Abgang: bds (Andreas Thorstensson), Snajdan, Vilden, ahl, fisker, SpawN + + + **3** Der 2011er ESWC Sieg, mit dem Team um GeT_RiGhT, RobbaN und f0rest + + + **4** Der Moment 2016, als das brasilianische CSGO-Team mit SK zeichnet. Kurz darauf geht das Wechseltheater los. + + +

+ + + **1** Fussball mit Carmac, Min Sik Ko und den FIFA Twins + + +
**2** Offizielles Team-Poster bei der League-of-Legends-Weltmeisterschaft 2012 von SK Gaming in LA + + + **3** CSGO-Spieler fnx, unser Supermodel aus Brasilien (2016) + + + **4** 2013 mit Ralf Reichert in Paris + + + **5** 2013 mit Kris von HyperX: einer der wichtigsten Sponsorship-Verträge der damaligen Zeit für SK. Laufzeit über 4 Jahre – bahnbrechend! + + +

+ + + **1** Trophy Vault 2013 + + + **2** Nikolai Jensen aka Incarnati0n, der Spieler mit dem Lifetimeban, als SK Berater für das LoL Team 2014, heute ist er Profi in den USA + + + **3** SK-Legende Andreas Thorstensson 2014 + + + **4** Joahn Quick in Action + + +

+ + + **1** Mit Sarazar (Valentin Rehmel) und Cengiz Tüylü auf der E3 in LA 2014 + + + **2** Bei TV Total an Stefan Raabs Desk (2014) + + + **3** Stefan Raab komplett in SK-Merchandise bei unserem TV-Total-Auftritt mit Christoph Seitz (nRated) 2014 + + +

+ + + **1** Cover des Printmagazins eGames 2007 mit unserem CS Team, fisker, RobbaN, SpawN, allen und Snajdan + + + **2** Shane Hendrixson aka SK.rapha nach seinem Turniersieg 2015 neben seinem Mentor und Entdecker ZeRo4 + + + **3** Plakatwerbung SK Gaming und Dr Pepper während der Gamescom 2015 in Köln mit Christoph Seitz aka nRated + + +

+ + + **1** Mit Jason Lake von compLexity 2015 in New York, er wird Complexity später an Jerry Jones und die Dallas Cowboys verkaufen. Wir stehen uns nur einmal mit unseren Teams gegenüber, 1-0 für mich :) + + + **2** Mit Craig Levine, einem der besten, den der E-Sport hervorgebracht hat. Torbull-Manager des Teams 3D aus den USA, später wird er CEO der ESL und ist Jahrelang mein Garant für den Import von Vinyl und Sneakern aus den USA. New York 2015 + + + **3** World-of-Warcraft-Weltmeister 2015 + + +

+ + + **1** Das legendäre Bild mit den Brasilianern im März 2016 vor der Saddle Ranch auf dem Sunset Boulevard, der Start der Vertragsverhandlungen + + + **2** Die offiziellen Sticker zur Counterstrike-Weltmeisterschaft 2016 in Köln, das Wechseldrama ist beendet, das Team ist bei SK, die Reise mit den Brasilianern beginnt. + + + **3** Mit der Mutter unseres Coaches Zeus vom CS Team 2016 in Köln beim Gewinn der Weltmeisterschaft in der Lanxess Arena + + + **4** Vortrag für die DFL 2019 zum Thema E-Sport + + +

+ + + **1** Der Einstieg von Mercedes 2018 wird erst im Januar 2019 offiziell verkündet, das Fotoshooting zur Pressemeldung findet in Berlin statt. + + + **2** Mit Konni Ewald und Tim Reichert beim Spiel Schalke 04 vs Bayern München 2016 + + + **3** Interviewpflichten in Sao Paolo 2016 + + + **4** 2016, Flug nach Brasilien, die Vorrunde läuft, während wir im Flieger sitzen, mit Jens Wundenberg, meinem Partner in Crime, der mit mir gemeinsam SK zu dem geformt hat, was es heute ist. + + +

+ + + **1** Das Halbfinale beim Turnier in Brasilien 2016, Backstage, einsam, es ist nicht auszuhalten für mich. + + + **2** Jens Wundenberg 2016: ohne ihn wäre SK ab 2007 nicht das geworden, was es ist, er ist die perfekte Ergänzung zu mir, fast zwei Jahrzehnte Zusammenarbeit und Freundschaft. + + + **3** Neymar mit unseren Spielern coldzera und FalleN (2016) + + +

+ + + **1** Mit coldzera und TACO in Las Vegas 2017 + + + **2** 2017 in Moskau vor dem E-Sports-Leistungszentrum unserer Holding. + + + **3** Das Buch „Smartbomb" aus dem Jahr 2005, in dem SK das erste mal in einem Buch erwähnt wird + + + **4** Die Textpassage aus „Smartbomb" zu SK + + +

+ + + **1** Werbung für das Fußballspiel Round 31 im Rheinenergie Stadion 2017 + + + **2** 2017, Lanxess Arena, Back to Back Champion, mehr geht einfach nicht. + + + **3** Interview im Spielertunnel des Rheinenergie Stadions 2017 + + + **4** Mit Anton Cherepennikov (RIP) 2017 auf dem Weg im Privatjet zu den Bayern nach München. Natürlich raucht er bereits + + + **5** So sah man uns 2016-2018 in Counterstrike. Stein, Schere, Papier war unser Spiel und wir haben alle anderen Teams in die Schranken gewiesen. + + +

+ + + **1** Locker Room (Kabine des 1. FC Köln) komplett in SK mit unseren wichtigsten Pokalen zum Round 31 Spiel im Rheinenergie Stadion + + + **2** Neymar feiert unseren Titel 2017 in Kopenhagen, rechts hinter FalleN bin ich (von Neymars Instagram-Account) + + + **3** 2017 vor dem Europa Parlament, dort spreche ich zum Thema E-Sport + + + **4** 2018 beginnt unsere Partnerschaft mit dem 1. FC Köln + + +

## ooperation mit SK Gaming  1. FC Köln steigt in Sport-Szene ein

+ + + **1** Sieg in Kopenhagen 2017, mein letztes und wahrscheinlich einziges Mal als „Coach", Neymar wird mich später auf seinem Instagram-Account featuren + + + **2** Mit Alex Wehrle zur Partnerschaft zwischen SK Gaming und dem 1. FC Köln, noch bevor der FC auch Gesellschafter wird + + + **3** Claudio Pizarro und Leo Bittencourt kicken mit SK (2018) + + + **4** 30. November 2018: Mit Mercedes und dem 1. FC Köln nach dem Notartermin. Beide werden Anteilseigner bei SK Gaming. Geschichte wird geschrieben! + + +

+ + + **1** Mit Christian Lenz nach einer bitteren Niederlage im Finale gegen BIG im Februar 2019. Christian darf das! + + + **2** Mit Benni Kugel, unserem Athletikcoach, und Gerrit Stukemeier bei der offiziellen Eröffnung unseres Leistungszentrums 2019 + + + **3** 25. Oktober 2019, nun ist auch die Telekom Anteilseigner von SK + + + **4** Das letzte offizielle Event vor den Corona-Lockdowns: Laureus in Berlin mit Ralf Reichert + + + **5** Mit Flobby (ich werde Dich nie vergessen, RIP) und Mirza beim Event in Köln im August 2020 + + +

+ + + 1 Präsentation Sondertrikot „Movember" 2020 + + + 2 Fitness Challenge mit Timo Boll im Mai 2021. SK gewinnt + + + 3 Am 29. Mai 2021 schicke ich Alex Wehrle vom FC und Lionel Souque von Rewe dieses Bild, nachdem der 1. FC Köln die Relegation erfolgreich gespielt hat. Emotionen pur :) + + +

+ + + **1** Gemeinsam mit Antje Hundhausen von der Telekom kündige ich das Projekt Avarosa im September 2021 an. Equal E-Sports ist geboren. + + + **2** Mit Ralf Reichert, Jan Dominicus von Mouz und Dennis Gehlen auf dem OMR in Hamburg, Mai 2023 + + + **3** Photoshoot in meinem Wohnzimmer, der Lanxess Arena im Oktober 2023 + + +

## Neue Versuche, komplizierte Verhältnisse in *Counter-Strike* und das Ende einer Ära: *FIFA*

Wir hatten immer diese, nennen wir es mal: Ausbrüche in andere Spiele. Und zwar in ganz viele unterschiedliche. Manche Spiele haben wir nie genutzt, *Dota 2* zum Beispiel, trotz des ganzen Hypes um die Weltmeisterschaft, The International.[43] Den Vorgänger *Dota* haben wir mal gespielt. Da konnten wir sogar den ESWC gewinnen und Weltmeister werden. Das Witzige daran: Unser Teammanager, der unbedingt ein *Dota*-Team haben wollte, ist im Finale des ESWC hinter den Jungs beim Spiel eingeschlafen. So interessant war das Finale also wahrscheinlich nicht. Ich habe *Dota* nie ganz verstanden und werde das wohl auch nie. Dennoch ein Top-Titel.

Damals spielten auch viele Leute *Heroes of Newerth* (HoN), vom Spielprinzip sehr nah an *Dota*. Wir probierten es auch. Wie *Dota* gehörte es zum MOBA-Genre. Und in diesem Genre kam noch ein neues Spiel auf: *League of Legends* (LoL). Man konnte nicht wissen, wer sich durchsetzen und das MOBA-Genre beherrschen würde.

SK war auf der Games Convention in Leipzig immer mit einem Stand präsent und ab 2009 auch auf der gc in Köln. Darüber hinaus fuhr ich auch immer zur E3 nach LA. Das war damals die wichtigste Messe Nordamerikas in Sachen Videospiele. Ich war da, um Vibes aus Amerika aufzusaugen, mit Sponsoren zu sprechen und das Netzwerk zu erweitern. Beiläufig wurde ich im Jahr 2009 dort eingeladen, am offiziellen Beta-Release von *LoL* teilzunehmen. Das war ein E3- Nebenevent. In einer Bowlingbahn hatten sie einen Raum gemietet, um den Teilnehmern das Spiel zu zeigen. Ich nahm zusammen mit Craig Levine teil, heute Co-CEO der ESL. Damals war er Manager beim Team 3D, einem sehr erfolgreichen Clan aus den USA.

Der Hersteller erzählte, wo die Firma mit *LoL* hinwollte. Es sah alberner aus als *Dota* oder *HoN*, aber das Mindset der *LoL*-Macher beeindruckte mich. Die wussten, was sie taten und wo sie hinwollten. Nach der E3 habe ich sie nochmal gesprochen: „Hey, vielleicht seid ihr noch nicht komplett ready, aber ihr wisst, was ihr wollt, und ihr möchtet mit eurem Spiel mehr machen." Ich erzählte ihnen von der gamescom in Köln und dass wir, also SK, dort einen Stand haben würden. Das war eine Chance, ein großes Publikumsevent.

Nach einigem Hin und Her hatte ich die für Europa verantwortliche Marketingmanagerin aus Frankreich am Telefon. Wir wurden vertragseinig und präsentierten *LoL* 2010 erstmals auf einer Messe in Europa, an unserem SK-Gaming-Stand. Das war auch ein großes Stück E-Sport-Geschichte. Sie zahlten damals 4500 Euro dafür, dass dieses Spiel bei uns gespielt wurde – darf man das überhaupt verraten? Auch bei SK intern war das ein Riesenthema. Außer mir waren alle der Meinung, dass *LoL* sich sicher nicht unter den drei MOBAs durchsetzen würde. Der Tenor war: Es passe nicht zur SK-Community, die Leute fänden *Dota* besser.

Dem Mainstream jedoch wollte ich nicht einfach folgen. Wir würden den *LoL*-Machern eine Chance geben. Da hatte ich einen guten Riecher, basierend auch auf dem Erlebnis in den USA, denn heute ist *LoL* nicht nur das wichtigste MOBA, sondern der relevanteste E-Sport-Titel überhaupt. Klar: *Dota 2* ist auch groß, aber gerade in der westlichen Hemisphäre hat sich *LoL* sehr deutlich durchgesetzt.

Und es hat mir ehrlich gesagt auch Spaß bereitet, unseren Mitarbeitern dies unter die Nase zu reiben: Der alte Mann Alex war vielleicht doch nicht ganz so blöde, hatte vielleicht doch ein wenig Ahnung von dem, wovon er sprach.

Und es war halt so, dass wir immer mehr zum Multigaming-Clan wurden. Wir haben auch Konsolen-E-Sport gemacht, insbesondere mit einem Xbox[44]-Team. Generell waren wir immer mal für verrückte Sachen offen, das Prinzip war Trial-and-Error. Die Fragen kannten wir: Passt das zu uns? Lässt es sich vermarkten? Kann man damit neue Zielgruppen erreichen und Wachstum generieren? Kann man Sponsorings ausweiten oder verstärken? Ist der Weltmeistertitel drin? Lässt sich damit Geld verdienen? Viele wissen zum Beispiel gar nicht, dass wir nicht nur in *FIFA* aktiv waren, sondern auch im Konkurrenten *Pro Evolution Soccer* (PES). Da waren wir ebenfalls Weltmeister, 2013 gewann Patrick „Phayton" Maier in Dubai das Turnier.

Manchmal tat es mir sogar ein bisschen weh, weil der Einzelfokus auf Titel verloren ging. In *Counter-Strike* haben wir zum Beispiel auch sehr harte Phasen durchlebt. *Warcraft 3*, wo wir lange sehr erfolgreich gewesen waren, gab es nicht mehr und im Nachfolger *Starcraft 2* erzielten wir lediglich ein paar Achtungserfolge. *Quake 4* war im globalen E-Sport eher klein. Das war für uns als SK Gaming emotional ein sehr wichtiger Titel, aber davon konnte man nicht leben. In der deutschen Szene hatten wir kaum eingebüßt, wir waren Elite, aber international verloren wir an Boden, auch weil andere Teams immer besser wurden.

Andere Themen gewannen an Bedeutung. Einmal sah ich auf MTV, damals der populärste Musik-TV-Sender, eine Dokumentation über ein US-amerikanisches Frauenteam in *Counter-Strike*. Ich fand das echt cool und die Mädels ohnehin. Sie hatten eine sehr professionelle Einstellung und teilweise wirkten sie strukturierter als ihre männlichen Pendants. Es war genial, Gaming auf MTV zu sehen, noch dazu *Counter-Strike* – und Frauen-E-Sport! Wenige Wochen nach dieser Dokumentation bekam ich eine E-Mail. Die Absenderin, eine gewisse Alice Lew, kannte ich nicht. Sie wolle mit ihrem Team Female *Counter-Strike* bei uns spielen. Das war schon sehr mutig, denn wir hatten aufgrund der Vielzahl an Anfragen damals ein Banner auf unserer Webseite mit der klaren Ansage: Bei uns lohnte es sich gar nicht erst, sich zu bewerben, wir löschen alle Anfragen direkt.

Trotzdem hat mich an der E-Mail etwas sofort aufmerksam werden lassen. Mir wurde klar: Es handelte sich um das Team aus der MTV-Doku, das unbedingt bei uns spielen wollte. Da zögerte ich nicht lange. Wir nahmen sie unter Vertrag und sind mit ihnen beim anstehenden Turnier, der Weltmeisterschaft ESWC 2006, direkt in die Top Drei marschiert.

Dennoch blieb die Situation unbefriedigend. Wir hatten alle diese Spiele im Portfolio und auch im Female-E-Sport konnten wir einiges gewinnen. Aber es war ein Makel, dass wir damals im Male *Counter-Strike* nicht zur absoluten Weltspitze gehörten. Klar, in den Top Ten weltweit zu spielen, ist nicht verkehrt, aber das war einfach nicht unser Anspruch. Diesen Makel kompensierten wir nicht durch Vielfalt. Schließlich war *Counter-Strike* zusammen mit *Quake* der wichtigste Bestandteil der SK-Gaming-DNA. Das nagte ständig an mir, auch wenn wir in einigen Spielen weit vorne mit dabei, teilweise sogar dominant waren.

Mit der Diversifizierung in all die anderen und neue Titel ging einher, dass wir die vorhandenen Ressourcen auch mehr streuen mussten. Wir mussten uns eingestehen, dass ein Haupttitel, wie *Counter-Strike* darunter litt, also haben wir uns nach viel Hin und Her entschieden, *FIFA* aus unserem Programm zu schmeißen. Wenn man zum x-ten Mal deutscher Meister, Europameister und Weltmeister ist, verliert das seinen Reiz, die Geschichte ist irgendwann auserzählt. Außerdem arbeitete der Publisher EA an einer

Umgestaltung der Regeln, die es für uns nicht einfacher machen würde. Für uns war auch nicht ersichtlich, dass *FIFA* irgendwann einmal einer der ganz großen E-Sport-Titel werden würde. Von der Relevanz des Spiels *Counter-Strike* war es jedenfalls weit, weit entfernt. Rückblickend erwies sich diese Entscheidung als goldrichtig. Niemand bei SK möchte diese Phase mit *FIFA* missen, vor allem ich nicht. Es war eine super Zeit, aber sie hatte eben auch ein natürliches Ende für uns.

## Mein Weg als Geschäftsführer, wirtschaftlicher Aufstieg und Sponsoren

Wir schärften unser Profil noch mehr, ließen auch *World of Warcraft* und den Videoplayer auf unserer Webseite hinter uns. Das war sinnvoll, denn vorher merkte man zunehmend, dass bei Andreas der Fokus verlorenging. Er wollte unbedingt eine geile Community – und das ist auch gut so. Aber er verstand nie so richtig, was dafür wirtschaftlich notwendig war. Er sah auch nicht mehr, dass wir im Wettbewerb erfolgreich sein mussten. Aber das ist der Kern des E-Sports. In *Counter-Strike* waren wir nicht mehr die erste Instanz. Die Kraft war mehr und mehr verlorengegangen.

Andreas entfernte sich zunehmend von SK. Im Rückblick muss ich mir aber auch eingestehen, dass ich ihn bei Entscheidungen immer mal wieder außen vorgelassen hatte. Dadurch fiel er, ähnlich wie Ralf, immer mehr in die Rolle eines passiven Gesellschafters. Er war also kein Teil der operativen Arbeit mehr.

Nun war ich derjenige, über dessen Tisch alles lief, was mit der Firma SK Gaming zu tun hatte. Entscheidungen traf nur noch ich. Und das bringt mich zu meiner Rolle bei der Entstehung von SK Gaming. Klar, ich bin „erst" 2000 dazugekommen. Daher bin ich im technischen Sinne kein Gründer. Aber mit allen international wichtigen Titel ab Sommer 2002, der Fokussierung, dem ganzen Weg von SK Gaming hatte ich maßgeblich etwas zu tun, beziehungsweise ich war die treibende Kraft dahinter. Wenn man es realistisch betrachtet, wenn man sich anschaut, wann unser Ding groß wurde, dann sehe ich mich ganz klar als Teil der Gründer. So wie Ralf einer der Gründer der ESL ist, obwohl er später dazukam. Ralf hat der ESL seinen Stempel aufgedrückt und ich habe SK Gaming meinen Stempel aufgedrückt. Eine verrückte Geschichte von zwei Freunden, wenn man so will.

Das bedeutete auch, dass ich bei der Kaderplanung mitgewirkt habe. Außer in *Counter-Strike* war ich sogar maßgeblich dafür verantwortlich, ebenso wie für Sponsoren, Strukturen, Finanzen und allen Personalthemen. Im Prinzip habe ich alles gemacht. Wird man dadurch seiner Rolle als Geschäftsführer gerecht? Keine Ahnung, aber das war mir zu jener Zeit auch egal. Meine Rolle war mir wurscht.

Ich wollte meine Sachen machen und habe sie dann einfach gemacht. Ich war nie machtbesessen. Selbstbewusst ja, aber immer nur im Sinne der Sache. Mir war nur wichtig, dass mich niemand in meiner Rolle und meine Vision für die Firma einschränkt. Mittlerweile hat sich das aber auch geändert; wegen der Größe von SK Gaming gebe ich inzwischen sehr viele Dinge ab. Das geht gar nicht anders.

Damals jedoch galt der Ansatz: Es wird nur gut, wenn man es selbst macht. Heute weiß ich, dass Menschen wie Irena, Bernhard, Martin und Jens sowie viele andere einen fantastischen Job machen. Alle sind top in dem, was sie tun. Ich agiere mehr auf der Metaebene: Strategie, das Board (also unseren Beirat) happy machen, gucken, dass es der Company gut geht. Dafür muss ich nicht mehr in alle Prozesse involviert sein.

Als Andreas aus dem Operativen rausging, war es aber noch anders. Nun sollten zwei der drei Gesellschafter passiv bleiben. Das hat in der Organisation ein Vakuum hinterlassen. Mit Ralf konnte ich mich immer noch sehr gut austauschen, aber er hat sich vor allem um die ESL gekümmert. So entkoppelte er sich allmählich von meinen operativen SK-Themen.

Als Geschäftsführer sah ich es immer als meine Verantwortung an, eine Vision für SK zu haben und zu wissen, wo wir hinwollten. Ich weiß, was die nächsten Schritte sind. Ich sage, wo unser Platz ist. Wenn ich das nicht mehr weiß und nicht mehr dieser Treiber hinter SK bin, dann höre ich auf. Wenn ich das Gefühl hätte, dass die anderen mehr pushen und bessere Visionen haben, dann würde ich sofort bei SK Schluss machen. Ich muss kein Geschäftsführer sein, brauche keinen Posten. Diese Erkenntnis ist während der vergangenen Jahre in mir gereift. Ich muss nur dort sitzen, weil ich weiß, dass ich für die Marke aktuell die beste Person bin. Alles andere ist unwichtig. Und wenn das irgendwann nicht mehr so ist, dann räume ich meinen Stuhl. Das Leben hält genug andere Dinge parat.

So war es ja auch bei Andreas. Er war irgendwann nicht mehr die beste Lösung für SK auf seinem Posten. Und dieser ganze sportliche Erfolg, den wir damals hatten, der münzt sich im E-Sport irgendwann in Sponsoren um. Man wird zwar nicht Meister und hat im nächsten Jahr 80 Prozent mehr Umsatz, das ist Quatsch. Aber dafür hat man mehr Gespräche, mehr Aufmerksamkeit, mehr Chancen. Das hieß seit Ende der 1990er-Jahre im Kern bei uns: B2B-Geschäft machen, gesundes Wachstum erzielen.

Ich bin in der glücklichen Lage, dass viele Menschen gerne mit mir zusammenarbeiten. Offensichtlich habe ich eine positive Ausstrahlung, nicht nur im Job, sondern auch im Privaten. Das ist oft mit einem Vertrauensvorschuss verbunden und mir ist es unheimlich wichtig, diesen immer wieder einzulösen. Also nicht nur zu reden, sondern zu machen. Deutsche Telekom, Adidas, Amazon – viele klangvolle Namen haben uns ihr Vertrauen geschenkt und wir haben hart, fair und offen gearbeitet, um dieses Vertrauen mit enormer Rendite zurückzuzahlen.

Das ist Pionierarbeit. Und Pionierarbeit kostet Kraft, viel Kraft. Wir haben mit Adidas gearbeitet und auf einmal sind andere E-Sport-Marken an Puma oder Nike herangetreten und konnten diese überzeugen. Wir haben mit Mercedes gearbeitet und plötzlich tauchten auch BMW und Audi im E-Sport auf.

Das Fundament für diesen Markt und im Speziellen für E-Sport-Teams wurde in diesen ersten Jahren sehr maßgeblich durch SK Gaming aufgebaut.

Kapitel 4

# Alles auf MOBA: SK Gaming, *League of Legends* und die LCS

In *Counter-Strike* feierten wir 2011 nochmal einen Titel, den wir schon immer unbedingt gewinnen wollten, nämlich den ESWC. Mit an Bord hatten wir im Line-up damals große Namen, insbesondere aus Schweden. Für SK spielten unter anderem Christopher „GeT_RiGhT" Alesund und Patrik „f0rest" Lindberg, die heute viele als zwei der erfolgreichsten Spieler aller Zeiten kennen. Jahrelang hatten die beiden uns echte Schmerzen zugefügt, als sie noch für fnatic spielten. Dieser Titel fühlte sich insofern besonders an, weil wir ihn im Männer-*Counter-Strike* zum ersten Mal gewinnen konnten. Das Team hat zwar auch noch andere Turniere gewonnen, beispielsweise in New York, aber den Sprung an die Spitze der Weltrangliste schafften wir so nicht mehr.

Ich erinnere mich gerne an den Moment, Oktober oder November 2010 muss das gewesen sein, als Robert „RobbaN" Dahlström, der damaliger Team Captain unseres *Counter-Strike*-Rosters, zu uns nach Köln kam, um mit mir über das anstehende Jahr, 2011 und seine Ideen für einen neuen Kader zu sprechen. Mir war bewusst, dass er mit vielen anderen Spielern, vor allem aus Schweden, enger befreundet war, aber das bedeutete ja nicht automatisch, dass man ein Dream Team bauen konnte. RobbaN sah das anders und als er meinte, dass er sowohl Christopher als auch Patrik zu uns holen könne, war ich komplett bei ihm. Etwas ungläubig zwar, aber man wird ja noch träumen dürfen. Mit einem Mandat ausgestattet, machte Robert sich an die Arbeit, der Meetingraum war sein Arbeitsplatz und 90 Minuten nachdem wir gesprochen hatten, kam er mit einer Erfolgsmeldung zu mir: Beide Wunschspieler gaben uns ihr „Verbal", also die mündliche Zusage, und unterschrieben kurze Zeit später einen Vertrag, der dazu führte, dass sie ab dem 7. Dezember 2010 für SK Gaming spielten. Sie kamen von fnatic, einem der großen Rivalen von SK.

Gleichzeitig etablierte ich *League of Legends* bei SK Gaming. Unseren Kader in diesem Spiel haben wir im Laufe der Jahre sehr häufig umgebaut. Im Jahr 2012 standen die Intel Extreme Masters (IEM) in Köln an, die gleichzeitig die regionale Qualifikation für die Weltmeisterschaft 2012 waren. Die drei besten Teams dieses Turniers durften zur Weltmeisterschaft, unser Ziel. Das Turnier spielten wir auf der damaligen gamescom vor einem großen Publikum auf einer Bühne, das war schon etwas sehr Besonderes. Wir hatten uns als erstplatziertes Team dafür qualifiziert, galten aber nicht als Favorit. Das waren eher CLG und Moscow 5. Auf der Messe ging es auch viel um das große Ganze in *League of Legends*. Riot Games, der Publisher des Spiels, hatte eine europäische Liga in Aussicht gestellt. Es sollte Budgets von der Liga für die Teams geben, eine eigene TV-Produktion und mediale Ausgestaltung. Es würde eine richtige Liga mit Spieltagen und festen Teams entstehen, wie man es aus dem traditionellen Sport kennt. Für uns war es der nächste logische Schritt, wir wollten, nein, wir mussten unbedingt ein Teil davon werden. Wir wussten, dass *League of Legends* richtig gut funktionierte. Zwei Jahre zuvor hatten wir das Interesse bei Riot Games geweckt, da waren sie auf der gamescom an unserem Stand mit vertreten. Es war das erste Mal für Riot Games auf der gamescom, mitsamt eigenem Turnier in *League of Legends*. Das hatte super funktioniert.

Zwei Jahre später ging es nun also um die IEM – aber auch um viel mehr. Das Turnier stellte seinen Top Drei in Aussicht, zu den Worlds nach Los Angeles zu fliegen. Es gab also für gutes Spiel als Belohnung die Teilnahme an der Weltmeisterschaft in *League of Legends*. Wir erreichten bei den IEM das Halbfinale, wo wir auf einen der großen Favoriten, CLG Europe, trafen. Dann passierte das Unglaubliche: Wir gewannen. Vor allem unser Starspieler Carlos „ocelote" Rodríguez legte eine Megashow hin. Der hat damals den Helden Orianna gespielt und seine Fähigkeiten unglaublich präzise getroffen, vor allem auch seine ultimative Fähigkeit, also quasi die Superkraft des Helden. Damit hat er die Massen in der Halle hinter sich gebracht. Das war nur geil. Die

ESL machte später einen Film dazu. Heute würde ich sagen, dass das seine beste Performance ever war. Ich habe ihn danach nie mehr auf einem solchen Niveau spielen sehen. Im Team von CLG Europe spielte damals ein gewisser Mitch „Krepo" Voorspoels aus Belgien auf der Position des Supports. Er war sehr selbstbewusst, und das nicht ohne Grund. Seit 2022 ist Mitch unser Manager für den gesamten Bereich *League* of Legends. Als Spieler mochte ich ihn nicht, dafür hat er uns zu viele Niederlagen zugefügt, aber respektiert habe ich ihn logischerweise immer. Dass er nun so eine wichtige Funktion bei uns bekleidet, freut mich umso mehr und macht mich auch stolz.

Gerne denke ich an Momente wie diese auf der gamescom 2012 zurück, aber mein Verhältnis zu Carlos als Mensch ist inzwischen belastet. Ich ordne ihn heute anders ein, denn er ist mit seltsamen, problematischen Ansichten zu Frauen und dem Thema Gleichberechtigung aufgefallen. Ich drücke das hier neutraler aus, als ich es persönlich empfinde und im Gespräch sagen würde. Jeder kann sich da sein eigenes Urteil bilden. Man findet die Informationen über seinen Sexismus-Skandal im Internet, man findet das Video, auf dem er mit dem Menschen- und Frauenfeind Andrew Tate zusammen feiert. Ich habe aufgrund dieser Sachen mit Carlos komplett gebrochen. Seine Ansichten und das, wofür er heute steht, passen weder zu mir noch zu SK Gaming. Aber er gehört zu unserer sportlichen Geschichte, man muss sich mit der Person auseinandersetzen können, ohne den Sportler zu vergessen. Und auch dieser Moment auf der gamescom gehört ganz klar zur sportlichen Geschichte von SK. Carlos war damals prägend für SK und League of Legends. Mit dem Sieg im Halbfinale qualifizierten wir uns als erstes Team aus Europa für die Worlds. Das war groß für uns, das war riesig für E-Sport in Deutschland und Europa.

Was wir während des Turniers noch nicht wussten: Der Sieg sicherte uns auch einen Platz in der neu gegründeten Liga von Riot Games. Heute kennen sie alle E-Sport-Enthusiasten als League of Legends European Championship (LCS EU beziehungsweise seit 2019 LEC). In Europa bestand die Liga zunächst aus acht Teams, später wurde dann auf zehn aufgestockt. Auf jeden Fall haben die gamescom 2012 und ab 2013 die LCS EU dafür gesorgt, dass unser Fokus von Counter-Strike zu League of Legends wechselte. Damit hatten wir ein neues Kernprodukt.

Im Prinzip haben wir uns mit dieser Entwicklung auch von Counter-Strike verabschiedet, zumindest vorübergehend, überließen anderen bei diesem Titel das Feld. Wir waren auch skeptisch, ob sich Counter-Strike überhaupt noch weiterentwickeln und am Markt halten würde. Diese Skepsis war im Nachhinein sicherlich fehl am Platz, aber es ging auch darum, Ressourcen zu bündeln und Kosten sinnvoll zu verteilen. Wir haben Prioritäten gesetzt.

Wir steckten viel Power in League of Legends. Wir fuhren zu den Worlds. Dort waren wir aber trotz Vorbereitung nicht in der Lage, auf WM-Niveau mitzuspielen. In einigen Spielen wurden wir in der Gruppenphase regelrecht vorgeführt. Diese Blamage auf der Weltbühne für SK wollte ich nicht nochmal haben, das war eine Lektion. Wir hatten keinen Gesamtüberblick, wussten nichts über die Gegner. Wir waren einfach in eine andere Dimension vorgestoßen und waren dort fehl am Platz. Große Fresse, aber nichts dahinter, sage ich mal salopp. So war mein Gefühl auf dem Heimflug aus den USA und es hat mich unglaublich geärgert. Wir waren einfach supernaiv in dieses Turnier gegangen, unseren Einsatz „half-assed" zu nennen, wäre da noch maßlos untertreiben. Rückblickend sage ich aber: So eine Erfahrung ist immer gut. Mich hat sie, ebenso wie andere harte Niederlagen, auf jeden Fall unglaublich angespornt.

Nach diesen schlimmen Worlds fingen wir an, uns zu fokussieren. Wir wollten eines der besten Teams in Europa werden und bleiben. Unser Anspruch: mindestens unter den Top Vier in Europa zu rangieren. Das gelang während all der Jahre, die wir LCS EU spielten. Aber dann, im Jahr 2015, begann ein brachialer Abstieg, den man so nicht vorhersehen konnte.

Wenn man die Vergangenheit ehrlich einordnet, war *League of Legends* für uns immer ein Auf und Ab. Wir starteten mit diesem Team rund um Carlos. Er war ein Spieler, der immer viel geredet hat und auch ein Mitspracherecht wollte, wenn es darum ging, welche Spieler zu uns kamen und welche gehen mussten. Er sagte klar, mit wem er spielen wollte und mit wem nicht. Wir können uns vorwerfen, zu lange an ihm festgehalten zu haben, denn sein großes Ego war spielerisch nur selten gerechtfertigt. Auf der einen Seite war er eine schillernde Persönlichkeit und hat uns durch sein Auftreten viel Aufmerksamkeit gebracht. Er war charismatisch und es ist uns lange gelungen, ihn unter Kontrolle zu behalten. Auf der anderen Seite war das moralisch schlimme Verhalten, das er dann zeigte, irgendwie absehbar, hatte sich zumindest angedeutet. Egoistische und narzisstische Züge besaß er mit Sicherheit auch damals schon, aber er ließ zumindest mit sich reden. Sein familiäres Umfeld wirkte sehr gesund, er hatte in meinen Augen eigentlich einen guten Wertekompass. So kann man sich täuschen oder so können Menschen sich verändern.

Da wir als Team einen Platz in der neuen LCS EU hatten, wurde ein Vertrag zwischen Riot Games als Veranstalter der Liga und SK Gaming als Team dieser Liga geschlossen. Zur selben Zeit spielte Twitch als Streamingdienst ein sehr unehrliches Spiel. Carlos war nämlich damals bei einem anderen Streamingdienst unter Vertrag. Wegen unseres Sponsorships wollten wir, dass Carlos zu Twitch wechselte. Im Grunde hatten wir das vertragliche Recht dazu. Er war unser Spieler, wir entschieden erstrangig über Sponsorendeals – so stand es in unserem Vertrag.

Aber so etwas lässt sich nicht immer gegen Spieler durchsetzen – und das wollten wir auch gar nicht. Uns ging es um einen Kompromiss. Im Gegensatz zu Carlos. Ihm ging es um sein Geld, seine Vorteile, sein Ego. Irgendwann eskalierte das Ganze. Carlos drohte, mit dem gesamten Roster abzuwandern, wodurch SK Gaming auch keinen Slot in der LCS EU mehr gehabt hätte. Sein Selbstverständnis war, dass es sein Slot war, nicht der von SK. Ich rief ihn an und wollte das aufkeimende Problem direkt lösen. Ich machte ihm deutlich, dass ich der Chef von SK Gaming war – dem Team, bei dem er unter Vertrag stand. Aber ich habe ihm auch zu vermitteln versucht, dass ich es vor allem für ihn schade fand, was er da gerade machte. Am Ende hat er klein beigegeben. Das ganze Gespräch ist bei mir als der Gorilla-Talk abgespeichert. Nachdem wir uns recht lautstark die Meinung gesagt hatten, bemerkte ich irgendwann, das sei wie bei den Gorillas. Er sei ein junger Berggorilla und fordere den alten Silberrücken heraus. SK und ich wären nun mal in der 300-Kilogramm-Klasse. Er hingegen habe sich jetzt eben mal eine blutige Nase abgeholt, sollte nun aber wissen, wo er stehe. Die Zeit, den Silberrücken herauszufordern, würde kommen, aber nicht heute und auch nicht morgen. Begleitend sprach ich auch mit den anderen Spielern des Teams: „Hey, ihr könnt hier jetzt so viel Hickhack machen, wie ihr wollt. Der Slot gehört SK – und SK entscheidet, was damit passiert." Wir wollten gerne mit ihnen Verträge zeichnen, aber sie sollten sich nicht der Illusion hingeben, dass sie überhaupt irgendwo anders mit dem Slot für die Liga anheuern konnten. Das würde nicht passieren. Meine Position war klar: Dann wären sie raus aus der LCS EU. SK Gaming hätte damit kein Problem, denn Spieler, um sie zu ersetzen, würden wir schon finden.

Vier Spieler hatten bald ein Einsehen. Nur bei Carlos dauerte es, wir führten viele Diskussionen und Gespräche. Ja, ich musste ihm rhetorisch auch auf die Schnauze hauen. Er entschuldigte sich dann später und sagte, dass er gemerkt habe, was für ein Idiot er sei. Diese Reibereien, diese Ego-Show kosteten Zeit und Kraft, die wir ins Projekt hätten investieren können. Er hatte gedacht, dass es nur um ihn gehe, schien sich in einem Hollywoodfilm zu sehen, in dem er der alleinige Star war.

Natürlich sind die Spieler Stars. Aber über den Stars steht immer das Team. Wir wollen als Marke, dass die Spieler zum Team werden, dass sie eine Infrastruktur bauen. Was gar nicht akzeptabel ist: wenn Egoismus das Team schwächt. Das wollten wir insbesondere als SK Gaming nicht. Wir waren damals in der Szene eine noch größere Kraft als heute, wir waren der Weltmarktführer.

Ich glaube, dass Carlos durch diese Sache motiviert wurde, G2 Esports zu gründen. Ich bin auch überzeugt davon, dass ein wichtiger Teil seiner Motivation gewesen ist, es SK zeigen zu wollen. Er war der große Zampano. Kann man machen, okay. Aber wenn ich heute auf Carlos schaue, sehe ich jemanden, der von seinem eigenen Ego aufgefressen wurde und sich falsche Vorbilder gesucht hat. So spielt er heute im E-Sport keine Rolle mehr. Er darf das auch nicht mehr. Er hat menschlich „reingeschissen". Die Wortwahl bitte ich zu entschuldigen, aber sie ist passend. Ich verspüre auch Mitleid. Ich kenne sein Umfeld und seine Eltern – die haben nicht verdient, was passiert ist. Ich kenne auch Jens Hilgers gut, der ihn maßgeblich beim Aufbau von G2 Esports unterstützt hat. Mein Verhältnis zu meinem langjährigen Wegbegleiter Jens war nach unseren Machtkämpfen bei Turtle Entertainment sicher nicht immer gut. Aber es war auch nie so schlecht, dass ich Jens gewünscht hätte, mit einem so egozentrischen und amoralischen Menschen wie Carlos zu arbeiten. Wenn man sich heute etwa sein X-Profil anschaut, findet man sogar offenen Antisemitismus. So jemand darf keinen Platz im E-Sport haben. Klar ist aber auch: Auf der rein spielerischen Ebene gehörte er eine Zeitlang sicher zu den besten Europäern. Dass wir durch ihn eine Art „Verrat" erleben mussten, dafür gebe ich auch mir teilweise die Schuld. Ich hätte das früher sehen müssen.

Im Grunde ist das schade, weil er sich selbst im Weg gestanden hat. Er sah nur sich und er sah nicht, was im Spiel passierte. Einem schlauen Team mit einem smarten Captain wäre nicht passiert, was uns bei den Weltmeisterschaften passierte. Die Spielintelligenz hat ihm einfach gefehlt. Das war an den Ergebnissen abzulesen. Große Titel hat er nie für uns geholt. Wir gewannen 2011 mal die deutsche Meisterschaft. Im Grunde haben wir dann zwölf Jahre gebraucht, um den Titel im Jahr 2023 wieder zu gewinnen. Von 2011 an sind wir mit Carlos in der Regular Season immer nur Dritter und Vierter geworden – ohne ihn gewannen wir sogar einen Split. Obwohl er noch einen Vertrag mit uns hatte, spielten wir auch Turniere ohne ihn. Er war nicht da. Das war ihm aber egal. Das nehme ich ihm übel. Er hat sich über das Team gestellt und gleichzeitig vertragliche Vereinbarungen nicht eingehalten. Das hat SK Gaming geschadet.

Vor allem wollte er nicht mehr spielen, als wir im Dezember 2013 in die Relegation mussten, also gegen den Abstieg spielten. Er wollte nicht der sein, der absteigt. Da hat er sein Team im Stich gelassen. Auch als es darum ging, wo wir platziert werden. Gespielt hat er keines dieser Matches.

Nein, das war keine schöne Zeit. Als wir am 13. Dezember 2013 im MMC TV Studio in Köln die Relegation gegen Super Hot Crew spielten, saß ich ganz allein auf einem kleinen Stuhl und starrte auf einen Monitor. Ich fühlte mich einsam – und war auch wütend. Da war dieser Spieler, noch bei uns unter Vertrag, der das Team hatte implodieren lassen – und wir mussten den Scherbenhaufen zusammenkehren. Zwei Mitarbeiter der Produktion sahen mich. Einer der beiden meinte, dass er noch nie beobachtet hätte, wie jemand innerhalb von dreieinhalb Stunden um 70 Jahre altert.

Diese Phase hat mich nervlich kaputtgemacht. Schließlich ging es auch um unser Lebenswerk, um SK Gaming.

Wir haben die Serie nach 0:2-Rückstand, also in nahezu aussichtsloser Lage in einem Best-of-Five, zum Glück noch 3:2 gewonnen und den Abstieg vermieden. 2014 konnte kommen, wir waren noch Teil der LCS EU. Im Nachhinein war das aber egal, weil die Liga im Anschluss um zwei Teams aufgestockt wurde, von acht auf zehn. Auch unser Gegner rückte in die Liga auf. Meine Nerven habe ich an jenem Freitag dennoch in Köln in diesem kleinen Raum im TV-Studio gelassen.

Als Carlos weg war, fanden wir schnell einen neuen Midlaner[45] und bauten um ihn herum ein neues Team auf. Wir kämpften uns zurück und fuhren sogar nochmal zu den Worlds. Mit Spielern wie Candypanda, nRated und Svenskeren heimsten wir nochmal ein paar Erfolge ein. Bei den Worlds flogen wir unglücklich in der Gruppenphase raus. Das lag auch an Ärgernissen im eigenen Laden. Ein Spieler hatte sich in einem Chat unglücklich geäußert. Er hatte einen Spaß machen wollen, manche fanden das lustig, aber solche Sachen sind im Profibereich ein No-Go. In Taiwan, wo das Team damals war, kamen seine Äußerungen rassistisch rüber. Ich kann klar sagen, dass dieser Spieler ganz sicher kein Rassist ist. Trotzdem war es unprofessionell. Es sorgte für Unruhe. Drei Spiele Sperre für Svenskeren, außerdem waren wir in der Gruppenphase bei den Worlds raus. Alles sehr ärgerlich.

Ich fand, dass das damals sehr schlecht gehandhabt wurde von der Liga. Da gab es hinter verschlossenen Türen

Untersuchungen, Prüfungen und etliche Gespräche in kleinen Gruppen. Als würde es um ein Schwerstverbrechen gehen. Dann gab es eine Art Urteilsverkündung, bei der uns Riot Games via Videocall das Ergebnis mitteilte. Ich habe gefragt: „Wer von euch hat eigentlich einmal mit dem Spieler, also dem Beschuldigten, gesprochen?" Ich wusste, dass ein solches Gespräch nicht stattgefunden hatte. Großes Schweigen. Ich bin dann auch politisch geworden. Zwei Amerikaner von Riot Games sitzen da und sprechen ein Urteil. Nennen wir es ein Gerichtsverfahren, in dem der Angeklagte nicht einmal gehört wird. Was für ein komisches Rechtsverständnis für Menschen aus einem Land, das immer so viel auf seine Judikative hält? So ein stümperhaftes Verfahren in *League of Legends* und dann auch noch bei einer Weltmeisterschaft.

Aber was sollten wir machen? Klagen? Sollten wir uns öffentlich dagegenstellen? Das hätte nichts gebracht. Wir protestierten intern, denn eine Sperre für drei Spiele hielten wir für maßlos überzogen. Das war unfairer Eingriff in den Wettbewerb. Ich sagte zu ihnen: „Ihr glaubt zwar, ihr müsst das machen, aber am Ende habt ihr euch nicht einmal alle Informationen eingeholt. Ihr kennt die Hintergründe nicht. Ihr wisst nicht, ob es dem Spieler leidtut oder er sich entschuldigt hat. Gar nichts." Das war echt enttäuschend. Von Riot Games folgte nur Stille.

Ich war stinksauer. Über den Prozess, den Umgang mit SK Gaming und unserem Spieler. Ich saß in Deutschland,

Riot Games in den USA und Taiwan und der Spieler in Taiwan. Und es ist mit keinem von uns vor dem Urteil vernünftig gesprochen worden. Dennis, so heißt Svenskeren mit Vornamen, spielte noch bis 2015 für SK, wechselte dann in die Nordamerikanische Liga, wo er bis Ende 2023 in Top-Teams spielte. Er fiel nie wieder negativ auf, das war auch nicht sein Naturell.

Schon davor war das Verhältnis zwischen Riot Games und SK manchmal schwierig gewesen. Als zum Beispiel Ende 2012 klar war, dass wir Teil der LCS EU würden, lud man alle europäischen und nordamerikanischen Teams nach Santa Monica ein. Es ging um das Schaffen von Strukturen für beide Ligen, die LCS EU und die LCS NA sowie das Erarbeiten von gemeinsamen Grundlagen und Abläufen. Die Agenda war uns auch vorher bekanntgegeben worden.

Als es aber um die Spielerverträge ging, prallten Welten aufeinander. Riot Games sagte uns, dass für unsere Spieler der Rechtsraum Deutschland gelte, da die Liga insgesamt in Köln säße. Im Vorfeld hatte ich angeboten, einen sehr guten Arbeitsrechtler mit in die Diskussionen zu bringen – was allerdings abgelehnt wurde. Als wir in Santa Monica zu diesem Tagesordnungspunkt kamen, hatten wir auf Teamseite einige Fragen. Da ging es um Steuern beziehungsweise um Sozialabgaben, den Status Arbeitnehmer/Arbeitgeber oder eben Freelancer. Man hatte uns einen Mustervertrag für unsere Spieler vorgelegt, den wir nutzen sollten. Auf die Steuerfrage bekamen wir lapidar die Antwort: Da würden Steuern keine Rolle spielen, weil es ein Freelance-Vertrag sei. Ich habe mich dann eingeschaltet. Zwar stand da Freelance-Vertrag, aber nach deutschem Arbeitsrecht gab es gleich mehrere Punkte, die das Papier zum klassischen Arbeitsvertrag machten. Ich machte Riot Games klar, dass die Überschrift an dieser juristischen Lage nichts änderte. Sie verwiesen auf den Legal Council, mit dem sie alles geklärt hätten, auch komme gleich jemand von den Juristen, um das zu besprechen. Die zwei Juristen allerdings, eine Dame aus Paris und ein Herr aus London, machten schnell deutlich: Geklärt war das Thema offensichtlich doch nicht. Die europäischen Anwälte erläuterten, dass das europäische Arbeitsrecht ziemlich anders sei als das US-amerikanische, und gaben zu, dass sie speziell mit dem deutschen Recht nicht so vertraut seien. Alle waren genervt.

Da saßen wir also in den USA, mit einer Französin und einem Engländer, und sollten über deutsches Arbeitsrecht sprechen. Einige unterstützten mich, nach dem Motto: „So ganz Unrecht hat der Alex ja nicht". Riot Games hat den Mustervertrag dann etwas zerknirscht aus dem Protokoll gelöscht. Beliebter hat mich das bei denen nicht gemacht. Auf der anderen Seite stelle man sich vor, alle Teams in Europa wären Riot hier gefolgt, hätten deren Mustervertrag einfach genutzt, keine Sozialabgaben abgeführt. Was wäre passiert, wenn es zwei oder drei Jahre später eine Steuerprüfung bei einem Team gegeben hätte? Diese Prüfungen gehören schließlich zu unserer täglichen Arbeit. Das Thema wäre allen Teams mit lautem Knall um die Ohren geflogen.

Deswegen war mein Verhältnis zu Riot Games immer ein wenig angespannt. Ich sage, was ich denke. Damals sagte ich, was so nicht geht. Das soll nicht arrogant klingen, aber bei dem Termin wusste ich, wovon ich rede – und die Jungs von Riot Games nicht, trotz ihres selbstsicheren Auftretens.

So etwas kostet Geld. Auch ich bin kein Arbeitsrechtler, aber ich weiß, was zum Beispiel Hauptpflichten sind, was es bedeutet, wenn von Arbeitszeiten und -plätzen die Rede ist und diese vor allem rechtlich festgeschrieben sind. Und wenn ich so etwas weiß, die Gegenseite aber ignoriert, was ich sage, dann führt das nur zu Problemen.

Riot Games hat uns dann, ich glaube aus dieser Erfahrung heraus, immer wieder was vor den Bug geknallt. Wir hatten damals zum Beispiel auch Nicolaj Jensen, einen ehemaligen Spieler aus der Community zu SK geholt, diesmal als Analysten. Er war von Riot eigentlich auf Lebenszeit vom Spiel gesperrt, das nennt man einen „Perma-Ban". Nicolaj unterstützte uns, durfte aber kein offizielles Amt innehaben. Er wollte aber zurück ins System *League of Legends*, trotz seiner Sperre. Er war einer der besten Spieler in Europa, wenn nicht sogar weltweit, einer der besten Midlaner seiner Zeit.

Riot Games zeigte aber keine Gnade. Wir meldeten uns: „Hört mal, wir verstehen eure Haltung. Aber wir glauben an das Prinzip „Second Chance". Wir würden Nicolaj gerne in unser Programm aufnehmen und ihm eine Rolle geben." Er sollte innerhalb der LCS EU eine Chance erhalten, so unser Wunsch. Vor allem sollte er sein Wissen einbringen, insbesondere bei Spielsituationen wie Drafts[46] oder Bans.[47] Außerdem sollte er Strategieentwicklung und Team-Coaching übernehmen. Er war halt ein erfahrener Spieler der Spitzenklasse. Und wenn er diese Art der Rehabilitation bestand, dann konnte man über seine Rückkehr als Spieler nachdenken.

Riot Games ließ sich halb erweichen. Nicolaj durfte vor den Ligaspielen helfen, hatte die Akkreditierung für das TV-Studio als offizielles Mitglied vom SK-Gaming-Team, aber unter keinen Umständen durfte er auf die Bühne oder im Trainerstuhl sitzen. Ein Jahr arbeiteten wir so mit ihm. Er fühlte sich wohl, wir ebenso, und es gab keinerlei Probleme oder Skandale. Trotzdem wurde er nicht entsperrt. Wir qualifizierten uns erneut für die Weltmeisterschaft und legten eine Reisedelegation fest. Natürlich war auch er mit dabei, er war ein fester Bestandteil des Teams. Uns war klar, dass er auch dort nur hinter den Kulissen mit dem Team arbeiten konnte, nicht auf der Bühne.

Wir flogen nach Asien, um vorab noch ein Bootcamp zu machen. Es folgte die Gruppenphase. Auf einmal durfte Nicolaj aber nirgendwo mehr rein. Der Zugang wurde ihm verwehrt, für die gesamte Fläche der Worlds. Seine Rolle durfte er nicht wahrnehmen, obwohl er sie zuvor ein Jahr lang ausgeübt hatte. Auch da gab es wieder einen Streit mit Riot Games.

Wir verstanden die Welt nicht mehr. Wir hatten doch mit Riot Games abgestimmt, dass Nicolaj hinter der Bühne, abseits der Kameras, in Aktion sein durfte, in unseren Reiseunterlagen stand sein Name auch. Auf einmal sollte unser Analyst also vor der Halle sitzen? Wie soll sowas funktionieren? Riot zeigte sich hart. Nicolaj war ein Spieler mit Perma-Ban, es gab keine Chance. Das gesamte Jahr 2014 hatte er seine Rolle angenommen, hatte sich wahnsinnig gut eingebracht in das Team und nun bei der Weltmeisterschaft entzog ihm Riot wieder alles. Wir mussten das so hinnehmen. Kurz darauf, unmittelbar nach der Weltmeisterschaft, entsperrte ihn Riot Games dann und ließ ihn für Cloud9[48] in der LCS NA spielen. Das machte er nicht als Analyst, sondern als Spieler. Er spielt noch heute aktiv in den USA. Hatten die Entscheider von Riot Games noch alle Latten am Zaun?

Einen der Verantwortlichen von Riot traf ich später bei einem Event. Das war einer von denen, mit denen ich mich bei Riot Games als Erstes angelegt hatte. Wir unterhielten sehr lange. Er gab zu, dass er unseren Blickwinkel eigentlich nie beachtet hatte. SK hatte in vielen Dingen recht, aber Ärger bekamen wir trotzdem. Das war Willkür.

## Der schlafende Riese:
## Pause bei *Counter-Strike* und weiteres Vorgehen in *League of Legends*

Nach dem WM-Debakel 2014 bauten wir für den Neustart in der LCS EU 2015 ein neues Team auf. Mit dabei war auch ein griechischer Spieler, der in der Szene als talentiert, aber leider auch toxisch galt. Er beherrschte es wie kein anderer, seinen Mitspielern die Schuld für Niederlagen zu geben. Kippte ein Spiel, dann waren immer die anderen das Problem, er selbst nie, und das sagte er auch recht klar. Uns war das bewusst, aber wir hatten ein Team, das sich zutraute, gemeinsam mit den Coaches darauf einzugehen und ihn aufzufangen. Es ging gut für uns los und wir holten einen Sieg nach dem anderen. In der Regular Season schafften wir es auf Platz Eins. So durften wir zu den Intel Extreme Masters in Polen, konkret in Katowice, und dort als einziges europäisches Team spielen.

Die Spodek Arena in Katowice bot damals eine saugeile Experience. Wir dachten grundsätzlich, dass es eigentlich läuft bei uns in *League of Legends*. Im Grunde waren wir zu dem Zeitpunkt die Nummer Eins in Europa und eine feste Instanz im *League-of-Legends*-Universum. Dann kam unmittelbar nach dem Turnier in Polen der Summer Split und wir sind komplett durchgereicht worden. Von der Tabellenspitze ging es abwärts, bis wir auf den Relegationsplatz stürzten. *From hero to zero.* Der Misserfolg beschäftigte die

Spieler, wieder implodierte ein Team. Wie schon im Dezember 2013 mussten wir nun auch im September 2015 gegen den Abstieg spielen. Jeder im Team gab dem anderen die Schuld, da war nichts mehr zu retten. Der Ärger wurde noch größer, als uns Carlos mit seinem neuen Team G2 Esports in der Relegation dramatisch schlug. Er hatte die Organisation als Reaktion auf den Streit mit uns gegründet. Dieser Moment war der Tiefpunkt meiner Karriere. Das tat mir unglaublich weh, ihm tat es gut. 2015 war das schlimmste Jahr in meiner E-Sport-Zeit. Der 5. September 2015, der Tag, an dem wir G2 mit 2:3 unterlagen und aus der LCS EU abgestiegen waren, ist sportlich der bitterste Moment.

Wir flogen aus der Liga. Gegen Carlos. Was für ein schwieriger Tag. Ich bin erstmal mit meinem Hund spazieren gegangen, um den Kopf freizubekommen. Ich musste irgendwie klarkommen. Aber in diesem Moment wusste ich schon, dass ich wieder etwas verändern musste. Wir würden in *League of Legends* weitermachen, versuchen, wieder nach oben zu kommen. Das würde ein harter Weg werden. Aber wir wollten uns zurück in die LCS spielen. Uns standen erhebliche finanziellen Einbußen bevor. Ohne die LCS-Gelder fehlten wichtige Budgets. Ein kompletter Reset.

Aber okay: Wenn der E-Sport uns auf die Schnauze haut, drehen wir den Spieß eben um und schlagen zurück. *League of Legends* war nach *Counter-Strike* das nächste wirklich große Kapitel für uns gewesen. Wir erlebten

Fluch und Segen. Nach diesem Absturz war eine Rechnung offen. Als E-Sportler will man die begleichen. Wir mussten in *League of Legends* neu ansetzen.

Das war Erwachsenwerden – für SK Gaming, aber auch für den E-Sport allgemein.

Diese Jahre waren lehrreich und enorm ereignisreich. Der E-Sport entwickelte sich unglaublich schnell und man schaffte es nicht immer, mit dieser Entwicklung Schritt zu halten.

# Kapitel 5

# Die Ära
## *Counter-Strike: Global Offensive*

## Idee und anfängliche Herausforderungen

Als es anderswo den Bach runter ging, weckte das meinen Ehrgeiz. Warum nicht *Counter-Strike*? Mochten andere das für unmöglich halten, ich hatte etwas vor. Zumal ich von einem Rückschlag angespitzt wurde. Das hatte mit dem bittersten Tag unserer Vereinsgeschichte zu tun. Es war eine Zeit für große Pläne, für Ambitionen – auch wenn ich mittendrin von einem Telefongespräch aus meinen Hoffnungen gerissen wurde.

Wir hatten 2015 zwar ein dänisches *Counter-Strike*-Team. Aber ehrlicherweise war es eher halbgar. Es war nicht zu erwarten, dass wir jemals auch nur ansatzweise wieder dem Legendenstatus früherer Jahre nahekommen würden.

Unsere Ressourcen waren sehr stark in *League of Legends* und der LCS Europe gebunden. Es fehlte das Geld, um in *Counter-Strike* groß anzugreifen. Trotzdem versuchten wir, ein weiteres Asset aufzubauen, und investierten in das Team und das Spiel.

Der 5. September 2015 ist ein bitterer Tag für uns, aber er ist auch wichtig für unseren Werdegang als *Counter-Strike*-Team. Ich habe ihn schon geschildert. Unser *League-of-Legends*-Team, zeitweise eines der besten der westlichen Hemisphäre, scheiterte komplett und ging in die Relegation gegen Carlos und G2. Alle stritten sich. Und sie machten uns als Organisation für alles verantwortlich. Im Kampf gegen den Abstieg war die Motivation bei den Spielern weg, weil ihre Verträge ausliefen. Ihnen tat es nicht mehr weh, zu verlieren und die Organisation dann zu verlassen. Das Feuer war erloschen.

Ich hing jeden Tag in Skype-Calls, auch im Urlaub. Ich versuchte zu retten, was zu retten war. Mir ging es darum, dass das Team trotz der Situation mit Ernsthaftigkeit und Professionalität an die Sache ging. Aber der Absturz war längst im Gang. Wenn so ein Team zerbricht, geht das nicht so sehr zu Lasten der Einzelspieler, sondern zu der der Organisation. Leider agierte auch unser damaliger Sportpsychologe sehr unglücklich.

Wir versuchten alles, um den Abstieg irgendwie zu verhindern, zahlten den Spielern zusätzliches Geld, lobten eine Siegprämie aus. Einer unserer Spieler, es war nRated, hat sich aber trotzdem geweigert, zu spielen. So mussten wir mit einem Stand-In[49] spielen. Die angebotene Siegprämie hat er dann später versucht einzuklagen, obwohl wir verloren hatten und er gar nicht gespielt hat, auf eigenen Wunsch hin. (Seine Klage wurde abgewiesen.) Zu allem Überfluss war unser Coach recht unerfahren. Ja, der 5. September 2015 ist ein rabenschwarzer Tag für die SK-Geschichte. Wir hatten in den fünf Spielen der Relegationsserie zwar Chancen, das Ding zu gewinnen, aber die Fakten sind klar. Gamers Two, die wir heute als G2 Esports kennen, hat absolut verdient gewonnen. Es schmerzte sehr.

Aber ich liebe und lebe den E-Sport zu sehr, um aufzustecken. Solche Momente bringen mich in Gang. Ich gebe mich mit Niederlagen nicht zufrieden – niemals. Ich überlegte mir also, wie wir das Ganze wieder ins Positive drehen konnten.

## Der große Pokertisch: Das brasilianische SK

Und wir schafften das. *Counter-Strike* war ja immer Teil der SK-DNA gewesen, weshalb wir diesen Markt beobachteten, immer mit Blick auf Events. Mit der ESL Cologne 2015 stand ein wichtiges *Counter-Strike*-Turnier an – und das direkt bei uns in Köln. Ein Team, das wir besonders interessant fanden, war Luminosity Gaming. Es handelte sich um eine brasilianische Gruppe rund um den Teamkapitän FalleN. Das Line-up wollten wir vielleicht nicht komplett übernehmen, aber einige Spieler durchaus. Das Team hatte bei vielen Turnieren sehr viel aus seinen Möglichkeiten gemacht.

Vor allem drei von fünf Spielern hatten es uns angetan. Zwei fanden wir nicht so gut. Das fand wohl auch das Team selbst, denn sie stellten ihr Line-up immer mal wieder um. Bei einem der folgenden Turniere spielten sie mit FalleN, fer, coldzera, fnx und TACO. Die beiden Letztgenannten waren im November 2015 dazugekommen, für die beiden schwächeren Spieler. Jetzt konnte man das ganze Potenzial des Teams erkennen. Im Dezember 2015 entschied ich deshalb, sie zu SK zu holen.

Aber um das zu machen, braucht es erstmal die Recherche: Wie sieht das bei denen aus? Was für Verträge haben die? Wie lange sind die an Luminosity Gaming gebunden?

Ich erfuhr, dass ihre Verträge erst im Juni 2016 auslaufen würden. Dazu muss man wissen, dass E-Sport zur damaligen Zeit, vor allem in *Counter-Strike,* eher ein unreglementierter Markt war. Das war noch nicht wie im Fußball oder Handball, es war eher Wilder Westen. Außerdem hatte ein nordamerikanisches Team wie Luminosity Gaming eine andere Marktauffassung als wir Europäer von SK Gaming. Die dachten eher in NFL, NBA und MLB, also klassischen Franchise-Systemen. Das Verständnis von Verträgen oder Kommunikationswegen war ein grundlegend anderes.

Unsere Recherchen und Anfragen fielen auf. Beim Management von Luminosity Gaming kam es zu Irritationen. Das kann ich auch verstehen, weil die Auffassungen einfach sehr unterschiedlich sind. Aber als Team und Organisation kann man sich nicht immer leisten, auf jeden und alles Rücksicht zu nehmen. Manchmal muss es einem egal sein, was die anderen denken. Es geht darum, eine Chance zu erkennen und zuzupacken. Wir hatten die Niederlage vom 5. September 2015 in Hunger umgewandelt und waren wir mehr als ehrgeizig.

Ich meldete mich online bei Gabriel Toledo, also FalleN, der mich direkt an fer, eigentlich Fernando Alvarenga, verwies. Er war das Sprachrohr des Teams. Relativ schnell kam auch Ricardo Sinigaglia ins Spiel, so etwas wie der Teammanager. Die Gespräche zogen sich von Dezember 2015 bis Februar 2016 hin. Währenddessen sorgten die Jungs mit ihren Erfolgen für Furore. Sie standen kurz vor dem Durchbruch, das war klar. Unser Glück, dass wir früh ein Auge auf das Team gerichtet hatten und bereits Gespräche führten.

Gabriel hat einen großen Bruder, Marcelo. Der kannte SK Gaming noch von früher. Im April 2001 hatten wir in Sao Paulo ein Turnier gespielt und gewonnen. Marcelo und ich verstanden uns sehr gut. Er warb für uns bei Gabriel, wir seien eine super Organisation mit großem Potenzial. Das half uns sehr. Die Leute um das Team wussten, dass man unter dem Brand SK Gaming Chancen auf Titel haben würde. Der Tenor war: „Jungs, das müssen wir machen."

In direkten Gesprächen mit den Spielern stellten wir fest, dass es zwischen deren Organisation Luminosity und ihnen Spannungen gab. Wir wussten uns um die Teams und die Spieler zu kümmern, vom Aufstehen bis zum Schlafengehen und bei allem dazwischen.

Jens und ich besuchten sie im März in Lancaster, etwa eine Stunde nördlich von Los Angeles, in ihrem Trainingslager. Jens und ich mussten staunen. Wie konnten sie sich dort so gut entwickeln? Es handelte sich um einen schlichten Bungalow, sehr klein, ohne Klimaanlage, in the middle of nowhere. Es war warm, es war stickig.

Die Spieler empfanden das als gar nicht so schlimm. Sie waren aus Brasilien weniger gewohnt. Aber wir staunten weiter. Teilweise schliefen sie zu zweit auf einer Matratze auf dem Boden. Im Wohnzimmer standen ein paar Couches zum Abhängen. Ricardo wohnte mit seiner damaligen Freundin in einem Haus nebenan. Sie kümmerten sich um das Team, sorgten für Essen und Trinken. Das war kein adäquates Setup für ein Team mit dem Anspruch, die Nummer 1 der Welt zu werden, wie sie selbst gesagt hatten. Hier war das nicht zu schaffen.

Gabriel war an jenem Tag nicht da. Er hatte Sponsorentermine. Aber mit den anderen sprachen wir sehr lange. Gabriel trafen wir abends in der Saddle Ranch, einem Restaurant in Los Angeles. Es war cool, wie im Wilden

Westen, mit Servicekräften im Cowboystyle und mechanischen Bullen zum Reiten. Nach dem Essen machten wir das erste gemeinsame Selfie, direkt vor dem Laden. Später haben wir es für das sogenannte Announcement Video genutzt. Das Material taucht auch in einer Dokumentation über SK und dieses Team auf, die man auf Apple TV sehen kann.

Bei unserer Rückkehr wussten wir allerdings noch nicht, ob der Deal funktionieren würde. Wir hatten ihnen die Tür geöffnet, nun mussten die Jungs hindurchgehen. Wir hatten ihnen gesagt, dass wir das Team über zwei Jahre entwickeln wollten, und waren mit ihnen einen Mustervertrag durchgegangen. Schritt für Schritt, Klausel um Klausel, Wort für Wort. Jetzt war Geduld gefragt, sehr viel Geduld. Das Warten zerrte an den Nerven.

Gleichzeitig gab es weitere Interessenten. In meiner Erinnerung war das auch Team SoloMid, kurz TSM, in Nordamerika eine Riesenmarke. Damals hatte sich die *Counter-Strike*-Welt schon aufgespalten. Es gab in Europa Bemühungen, eine Art Interessenverband aufzubauen mit der ESL als Liga und den Teams, dazu mit neuen Monetarisierungsmodellen. Später entstand daraus das sogenannte Louvre Agreement. Mit diesem Vertragswerk banden sich die Teams exklusiv und direkt an einen Ligabetreiber. Eine ähnliche Bewegung gab es auch in Nordamerika und TSM war Teil davon. Es gab ein Hauen und Stechen, vor allem zwischen den nordamerikanischen und den europäischen Teams. Schließlich sollte alles, was in den USA Rang und Namen hatte, auch Teil des neuen dortigen Systems werden.

SK Gaming wiederum war Teil der europäischen Welt, unter anderem durch unsere Nähe zur ESL. Wir waren mit dem Unternehmen verbunden. Die ganze Angelegenheit war hochpolitisch. Die Brasilianer mussten sich entscheiden: Wollten sie Teil der europäischen Bewegung werden? Damit würden sie das Ligaprodukt extrem stärken. Zumal das Team damals schon gut auf Social Media unterwegs war. Das würde einen spürbaren Impact bringen.

Es gab nicht nur Anpassungsdruck von außen. 2015 und 2016 richteten wir uns auch selbst neu aus. Vor allem änderten wir unsere Gesellschafterstruktur. SK Gaming war als Projekt von Ralf, Andreas und mir so richtig durchgestartet. Jeder von uns war mit einem Drittel an der Company beteiligt. Nachdem Ralf und Andreas immer passiver geworden waren, musste man die Struktur verändern. Die beiden schieden aus. Ihre Anteile kaufte im Frühjahr 2016 ein russischer Investment-Fonds, der einem Oligarchen gehörte. Sie verwalteten den Anteil in einer großen Holding, in der sich 14 Companies befanden, darunter auch Virtus.pro[50] und Natus Vincere,[51] besser bekannt als Navi. Wir waren in diesem Konstrukt eher exotisch, denn wir hatten festgehalten, dass ich die Geschäfte weiter autark führen würde und dass die Holding trotz Zweidrittel-Beteiligung nicht gegen mich stimmen konnte. Das war in einem stark hierarchisch geprägten Konstrukt aus Russland die Ausnahme. Mit in der Holding waren zum Beispiel auch ein Veranstalter von E-Sport-Turnieren und Events, ein Merchandise-Unternehmen für E-Sport-Teams und ein Klamottenlabel, außerdem eine Company für die mediale Ausgestaltung von Gaming- und E-Sport-Inhalten. Alles, was man sich in Sachen E-Sport so vorstellen kann – und eben auch SK Gaming, zumindest zu zwei Dritteln. Das hat uns finanziell und strukturell einige wichtige Möglichkeiten gebracht.

Virtus.pro, Navi und wir waren drei Top-Teams, vor allem in *Counter-Strike*, die allesamt zum europäischen Teil des E-Sports gehörten, zum Louvre Agreement. Wir waren handlungsfähig und zahlungskräftig. Aber wir brauchten Geduld. Die Brasilianer ließen sich Zeit. Erst an Ostern 2016 kam der große Moment, endlich konnten wir online die Verträge zeichnen. Es schien alles unter Dach und Fach, das Paperwork war getan. Doch denkste! Dann kam nämlich die große Überraschung.

Es war der 26. März. Ich hatte sogar ein Video davon gemacht, wie wir die Verträge online unterschrieben. Aber noch gingen wir damit nicht raus. Wir hatten zur gleichen Zeit ja noch das dänische *Counter-Strike*-Team unter Vertrag. Die Lage mussten wir mit Fingerspitzengefühl angehen. Wir wollten niemanden anlügen, wir wollten niemandem vor den Kopf stoßen. Aber klar: wir wollten ein Weltklasse-Line-up bei SK haben. Das würde andere Leute enttäuschen.

Schon damals erlebten wir mit den Brasilianern etwas, das immer wieder unsere Zusammenarbeit beeinträchtigen würde: Kommunikationsprobleme. Das war uns damals aber noch nicht klar. Aber je länger wir nicht face-to-face mit ihnen sprachen, desto mehr Probleme und Missverständnisse kamen auf. Das ging direkt los, als wir die Verträge gezeichnet hatten und Organisatorisches besprechen wollten. Danach hörten wir immer weniger von den Jungs. Das war merkwürdig. Wir wollten doch gerade anfangen, wollten einen gemeinsamen Weg planen und gehen.

Und wie wir an den Jungs hingen! Unmittelbar nach den Vertragsunterschriften wurde Luminosity mit dem von uns gezeichneten Team beim MLG Major in den USA Weltmeister. Wir hatten während des Turniers eine Standleitung mit fer und den anderen Spielern, jubelten in WhatsApp-Chats und beglückwünschten sie. Sie waren jetzt unsere Jungs. Wir waren stolz. Das war das Gefühl. Steve Maida von Luminosity war mit und die Spieler schrieben uns, wie fremd ihnen das vorkam und dass Jens und ich eigentlich nun bei ihnen sein sollten, um diesen grandiosen Sieg zu feiern.

Am 19. April 2016 war ich beim Halbfinale des DFB-Pokals, Bayern München gegen Werder Bremen. Es war eine coole Runde, mit der wir uns vor dem Spiel zum

Mittagessen trafen, mit Verantwortlichen des FC Bayern, von BMW, von Transfermarkt.de, von der „Sport Bild" und der Allianz. Ich berichtete über unseren Transfer. Mich interessierte die Reaktion der Teilnehmer, aber natürlich war ich auch einfach stolz auf unseren Coup und erzählte vom anstehenden Event im Juli in Köln, auf dem das Team das erste Mal für uns auflaufen würde, dem Turnier der Turniere: der Weltmeisterschaft.

Nach dem Essen fuhr ich kurz ins Hotel, um mich frisch zu machen, und dann weiter zur Allianz Arena, voller Vorfreude auf das DFB-Pokalspiel. Kurz vor dem Stadion vibrierte mein Handy. Die Sache habe ich in Erinnerung, als ob sie gestern passiert wäre. Am Telefon war Ricardo, der Manager der Brasilianer. In dem Moment, als ich das Gespräch annahm, hatte ich eine Vorahnung. Das habe ich häufiger. Ich kann es nicht erklären, aber oft spüre ich oft im Voraus, dass etwas nicht stimmt.

Ricardo kam direkt zu Sache: Die Spieler wollten von ihren Verträgen zurücktreten. Vor dem Deal mit uns hätten sie Vorverträge mit Luminosity unterschrieben und jetzt fühlten sie sich schlecht. Bei den Amerikanern wären sie gut aufgehoben und würden gerne dort bleiben. Über Luminosity hatten sie im Vorfeld, bei unserem Treffen, nicht viel Gutes gesagt. Aber jetzt, am Telefon, klang das alles anders.

Ich habe keine Ahnung, wer sie im Nachhinein beeinflusst hat. Irgendjemand muss ihnen da etwas eingeflüstert haben. Die Lage war ernst. Manchmal glaube ich, dass es Leute gibt, die im Hintergrund gegen SK Gaming arbeiten. Denn diese Sache war nicht die erste ihrer Art. Man erinnere sich nur an das schwedische *Counter-Strike*-Team um HeatoN und Potti, denen der schwedische Wettbewerber NiP etwas eingeflüstert hatte. Irgendwas war hintenrum gelaufen. Niemand hat offen gesprochen. Das Team zerbrach daran. Und jetzt, in diesem wichtigen Moment, wirkte es wieder so.

Meine Überzeugung: Hinter unserem Rücken wurde politischer Druck auf die Jungs ausgeübt. Das muss am Europa-Nordamerika-Wettbewerb, an den Dingen rund um das Louvre Agreement gelegen haben. Die Amerikaner hat dieser Vereinigungswille in Europa getroffen. Der Deal in Europa hat Spuren bei denen Hinterlassen und enormen Druck aufgebaut. Sie mussten reagieren. Aber eine Strategie hatten sie nicht.

Ich fühlte mich hilflos, blieb aber hart, es gebe keine Ausstiegsmöglichkeit aus dem Vertrag. „Das könnt ihr vergessen!" Ich war jetzt, mit Ricardo am Telefon, im Stadion, vier Reihen hinter der Trainerbank der Bayern. Ein paar Meter vor mir sah ich Pep Guardiola, der noch Interviews gab – und ich hatte einen Teammanager aus Nordamerika am Telefon, der SK Gaming das größte Asset wieder wegnehmen wollte. Wahnsinn!

Bei SK Gaming werden unterschriebene Verträge eingehalten – ohne Wenn und Aber. Vor allem, weil wir auch schon bei Sponsoren und Partnern vorgefühlt hatten. Und so viel Zeit war ja nicht mehr. Im Juli sollte es losgehen. Bis dahin hieß es: Partner finden und Verträge zeichnen, das Trikot neugestalten und Partner platzieren, die Webseite umstellen und Designs anpassen. All das war bereits in Vorbereitung.

Wenn man im B2B-Kontext so weit nach vorne geht und erzählt, dass der nächste „f***ing geile Shit" bevorsteht, dann kann man nicht zurück, wenn man sein Gesicht nicht verlieren will. Es geht auch um Vertrauen. Das war Drama pur, die Gefühle dazu kann ich nicht beschreiben.

Es folgte: Funkstille. Es wirkte, als wollte man das Problem auf der anderen Seite aussitzen. Aber nicht mit uns! Wir beharrten auf unserem Standpunkt: „Leute, ganz einfach, die Verträge sind unter Dach und Fach und wir bestehen darauf. Alles andere juckt uns im Moment nicht. Punkt."

Der CEO bei Luminosity, Steve Maida, hatte mit Sicherheit Anwälte genommen, davon durfte man ausgehen. Das hatten wir aber auch. Uns wurden die Vorverträge vorgelegt. Anfechten wollten wir sie nicht, das fiel uns nicht ein. Fakt war: Es gab zwei Verträge, die sich letztlich widersprachen. Es ging nur so: Wir mussten uns einigen, irgendwie. Hätte man es vor Gericht gebracht, was hätte das wohl geklärt – außer, dass die Jungs nicht zwei Verträge zeichnen durften?

Wir ließen nichts nach außen dringen. Eine öffentliche Schlammschlacht wollten wir vermeiden, sie würde niemandem etwas bringen. Wir gaben kein Statement ab, weder PR noch Social Media. Unser Fokus ging nach innen. Wir sprachen wieder und wieder mit den Jungs. Wir wollten das Team zur Vernunft bringen. Doch so sehr wir auf Einigung setzten, so sehr verhärteten sich die Fronten. Es war alles andere als hilfreich, wie das Team mit der Lage umging: nämlich sehr naiv und ignorant.

Während wir weiter auf Ruhe setzten, legte auf der anderen Seite jemand mit PR-Maßnahmen los. Es war, als würde man mit einem Stock auf ein Wespennest einschlagen. Ich weiß gar nicht, wer es lostrat, ob es Luminosity war oder wer auch immer. Aus Europa kann die Sache nicht in die Öffentlichkeit gekommen sein. Es kam massiver Druck auf. SK Gaming stand öffentlich im Feuer. Was ein guter Deal werden sollte, wuchs sich zum Branchenskandal aus. Ja, es ging darüber hinaus. In Deutschland berichtete sogar die „Sportschau" darüber. Wir blieben bei unserer Linie, äußerten uns nicht. Man entscheidet einen solchen Fall nicht mit Statements, die sich in den Kommentarspalten von Reddit, HLTV.org, damals Twitter oder YouTube finden. Nein, es brauchte einen Deal, an dem Leute beteiligt waren, die etwas damit zu tun hatten. Ein Runder Tisch. Luminosity, SK Gaming und die Spieler oder deren Vertreter mussten miteinander sprechen. Alles andere war Quatsch.

Klar hatten wir auch rechtliche Beratung. Wir waren ja nicht doof. Jahre zuvor hatte sich ein Medien-Anwalt, Konstantin Ewald (Konni), aus einer großen Kanzlei in Köln bei mir vorgestellt und uns Beratung angeboten. Zunächst war er pro bono unterwegs. Daraus wurde eine sehr enge und intensive Bekanntschaft, heute sind wir Freunde. Ihn zog ich hinzu. Er kannte die juristische Seite von Valve, dem Publisher des Spiels *Counter-Strike*. Er hat das Mandat übernommen. Und er hat uns durch eine unglaublich anspruchsvolle Phase gesteuert. Das war ein Glücksfall.

Als die einseitige Schlammschlacht im Internet auf dem Höhepunkt war, nahm Valve Kontakt zu Konni auf. Die Diskussion war längst prominent in der Öffentlichkeit. Und wenn ein Spielehersteller eine Sache nicht mag, dann ist es schlechte PR. Konni vertrat unseren Standpunkt. Es war nicht gut, öffentlich aufeinander rumzuhacken. Er wies darauf hin, dass wir uns wie Erwachsene verhielten, verschwiegen und diskret. Wenn man das Thema heute bei Google sucht, findet man viele Schreihälse: Luminosity, die Spieler und die Community aus den USA. Von SK Gaming findet man kein Sterbenswörtchen, weil wir uns einfach professionell verhielten.

Das sah Valve wie wir. Es gab, das war klar, zwei Parteien mit berechtigten Interessen. Es gab nur den Weg eines Gesprächs. Der Publisher wollte auch den amtierenden Weltmeister beim nächsten Turnier haben. Valve wollte aber niemanden beim Turnier, der in einem

Vertragsskandal steckte. Also forderten sie: SK Gaming, Luminosity und die Spieler sollten sich endlich einigen. Alle drei Parteien sollten sich in einen Raum setzen und erst wieder rauskommen, wenn es eine Lösung gab. Eine Lösung, mit der alle leben konnten. Der Blick sollte dann zur ESL One Cologne gehen. Das war wichtig. Aber wenn es keine Einigung gab – dann wäre das Team eben nicht dabei, um seinen Titel zu verteidigen.

Das wiederum war ein Machtwort. Und es war genau das, was wir erreichen wollten. Es ging um Professionalität. Luminosity musste an den Tisch, nicht in irgendwelche Foren. Community-Aufschreie waren egal. Es ging um professionelles Miteinanderreden.

Die Ausgangslage war simpel: Entweder wir bekamen Geld dafür, dass wir von unseren Verträge zurücktraten und das Team bei Luminosity bleiben konnte. Das hätte uns Reputation gekostet, aber auch Geld für neue Investments eingespielt. Mit so etwas muss man leben können. Oder aber Luminosity musste die Vorverträge für nichtig erklären und das Team würde offiziell zu uns wechseln, was wiederum bedeuten würde, dass wir Luminosity eine Ablöse zahlten.

Es war ein Pokerspiel. Es ging darum, das Gegenüber zu zermürben. Neun Stunden Zeitunterschied halfen nicht, die Sache stressfrei zu gestalten. Ich war fast die gesamte Zeit über dabei. Die US-Anwälte waren unangenehm. Konni machte einen Bombenjob. Welche Summe würde der CEO von Luminosity akzeptieren? Welche wäre er selbst nicht bereit, an uns zu zahlen?

Das Pokerspiel war nicht in einer Nacht erledigt. Es dauerte zwei, drei oder vielleicht sogar vier Wochen! Aber dann kamen wir doch zu einer Einigung. Wir vereinbarten eine hohe sechsstellige Summe, die an Luminosity gehen sollte. Das Ergebnis der Einigung meldeten wir Valve. Dann war der Weg frei. Das Team wechselte offiziell zu SK Gaming, schließlich hatten wir bereits gültige Verträge. Formsache. Die Verträge galten bis Mitte 2018.

Nach diesen wilden Wochen waren wir total erschöpft. Mehr noch: Was ein Neustart hätte sein sollen, fühlte sich wie ein emotionaler Bruch mit dem Team an, trotz der Verträge. Ein Gefühl, im Stich gelassen worden zu sein. Natürlich versuchten wir, professionell zu bleiben. Wir signalisierten, dass wir uns trotz allem auf die Zusammenarbeit freuten und alles dafür tun würden, dass sie mit uns auf das nächste Level kämen. Mit etwas Abstand muss ich sagen: Man konnte das Team auch verstehen. Unglaublich viele Interessen von außen wirkten auf die Jungs ein. Das würde sich leider später wiederholen.

Es folgte Organisatorisches: Erst lösten wir das Teamhaus in Lancaster auf und die Jungs zogen um in eine neue und moderne Facility in Newport Beach, südlich von Los Angeles und nah am internationalen Flughafen LAX. Das Leben der Jungs bestand maßgeblich aus Reisen rund um den Globus. Darauf mussten sie vorbereitet sein, auch geografisch. Das war ein wichtiger Punkt bei der Standortwahl.

Mit dem Start des Teams bei uns kam auch der Hype um die ESL One Cologne auf. Wir hatten immerhin die Weltmeister zu uns geholt. Die Community, gerade in Deutschland, wusste um die Bedeutung dieser Nachricht. Noch im Juni kamen dann die ersten digitalen Gegenstände und Merchandise-Artikel zum anstehenden Turnier raus. „Legendary-Wahnsinn" in Form von Stickern[52] samt Spielernamen und SK-Logo. Das spülte Geld in unsere Kasse. Es funktioniert im Prinzip wie bei den Panini-Sammelbildern: Die Community erwirbt die Sticker im Zeitraum kurz vor und während der Weltmeisterschaft. Noch heute habe ich all diese Sticker in meinem *Counter-Strike*-Inventar und schaue sie mir hin und wieder nostalgisch an.

Wir waren also, trotz einer ruckeligen Reise, jetzt so weit. Wir wollten die Schmach vom 5. September wettmachen. Nur noch gewinnen, lautete die Devise. Was dem ganzen Unternehmen neun Monate zuvor und auch mir persönlich so wehgetan, was uns in den Grundfesten erschüttert hatte, konnten wir nun überwinden. Mit dem neuen Team und der Heim-Weltmeisterschaft hatten wir die Chance, den Thron zu besteigen.

Ende Juni kamen die Brasilianer zu uns nach Köln. Hier sollten sie sich vorbereiten und vor allem die Zeitumstellung überwinden. Ich weiß noch, wie ich damals aus dem fünften

Stock ein Bild davon gemacht habe, wie sie zu ihrem ersten Fotoshooting für uns ins Taxi gestiegen sind, samt neuen Trikots. Vor allem erinnere ich mich noch an den Spieler fnx. Der ist volltätowiert und sieht fast aus wie ein Model. Er trug unsere Farben, blau mit einem weißen Kragen, ein riesiges SK-Logo und dazu alle unsere Sponsoren. Ihn so zu sehen, in unserem Dress, das war einfach toll.

Wir waren jetzt das Team der Jungs und wollten das auch zeigen. Nach dem ganzen Hin und Her war uns wichtig, dass sie sich bei uns heimisch fühlten. Also haben wir auch 25 ihrer Familienmitglieder nach Köln geholt. Wir haben alles übernommen: Flug, Hotel, Verpflegung. Wir sind auch gemeinsam mit ihnen essen gegangen, haben jeden Abend gesungen und gefeiert. Sehr brasilianisch, sehr warm und sehr kölsch. Wir haben versucht, den Spielern und ihren Familien auch Halt zu geben in der neuen Heimspielstätte. Sie sollten SK Gaming und Köln annehmen. Schließlich mussten sie jetzt in der Lanxess Arena, mitten in Deutschland, antreten. Das war nicht Amerika, wo sie momentan beheimatet waren, und hatte eine ganz andere Dynamik als zum Beispiel Turniere der MLG, die alle in den USA stattfanden.[53] Wir wollten ein Gemeinschaftsgefühl erzeugen, Geschlossenheit vor der großen Aufgabe. Und wir wollten als Titelverteidiger und Top-Favorit auftreten

Sie auf diese Weise hier „einzubürgern" war die Mühe wert. Während des Turniers merkte ich, dass das Momentum auf unserer Seite war. Die Spieler befanden sich im Flow, in ihrem Element. Das war *Counter-Strike* auf unfassbar hohem Niveau, vor allem gegen Virtus.pro im Halbfinale. Für uns war dieses Turnier eines der wichtigsten Kapitel in nun 28 Jahren SK-Gaming-Geschichte. Wir waren im Sommer 2002 das erste Mal *Counter-Strike*-Weltmeister geworden. 14 Jahre später durften wir uns wieder so nennen. Es gibt wahnsinnig viele tolle Wettbewerber im E-Sport. Aber 2016 war SK Gaming wieder ganz oben. Wir hatten es allen bewiesen, hatten viele Schwierigkeiten überwunden. Unsere eigenen und die, die man uns in den Weg gelegt hatte.

Die Jungs zogen trotz des ganzen Trubels einfach durch. Die haben das Ding mit Brachialgewalt nach Hause geholt. Das Finale haben wir gegen das Line-up von Team Liquid relativ einfach runterspielen können. Es war erlösend. 15 000 Menschen in der Halle jubelten uns zu. Da tickt E-Sport anders als der traditionelle Sport, niemand verlässt die Halle. Auch nicht, wenn das eigene Team verloren hat. Man feiert und jubelt gemeinsam. Das ist Respekt. Man schaut von der Bühne herunter in die Menge, herauf auf die Ränge, man guckt ins Publikum, in den Unterrang, auf den Oberrang. Das ist einfach ein unbeschreibliches Gefühlt. Die Geräusche, der Lärm, die Lichter. Das saugt man in sich auf. Man ist vom Sieg wie berauscht und alle liegen sich zwischen Konfetti und Fahnen nur noch lachend und jubelnd in den Armen.

# Die *Counter-Strike: Global Offensive*-Ära

Irgendwann muss man aber von der Bühne gehen. Es kommt ein netter Hinweis der Mitarbeiter der ESL. Die Presse wartet. Und drinnen will das Organisationsteam natürlich auch langsam mit dem Aufräumen anfangen. Man trottet zu den Medienleuten, mit dem Pokal in Händen. Und dann gibt man Interviews, geht von Spieler zu Spieler und belauscht, was da so gesagt wird, wenn man selbst gerade nicht gefragt ist. Natürlich darf da auch das ein oder andere Späßchen nicht fehlen. Ein Foto-Crash hier, ein Foto-Crash da. Das habe ich damals echt gerne gemacht.

Nach dem Medienmeeting gingen wir als Team in die SK-Loge, wo die Familien und Freunde der Spieler warteten. Alle feierten weiter. Wir beschlossen, die Nacht brasilianisch-kölsch zum Tage zu machen. Wir hatten nahezu ein gesamtes Restaurant am Kölner Rudolfplatz gemietet. Da sind wir dann hin, samt Pokal, brasilianischer und deutscher Flagge. Wir feierten. Wir redeten. Wir tanzten. Alles war von uns abgefallen. All die Last, all die Turbulenzen der letzten Monate, das Wechseldrama. Dieser Abend, dieser Sieg, wird immer mein absoluter Lieblingsmoment im E-Sport bleiben.

Wir hatten bewiesen, dass SK Gaming diejenigen sind, die es zu schlagen gilt. Und das war ein Coup, der größer war als alles zuvor erreichte: Wir hatten ja schon viele

Trophäen in unserer Geschichte gewonnen, viele Titel. Unmittelbar nach dem Turnier sind wir aber erstmal in den Urlaub gefahren. Das war wichtig, damit wir uns erholten und neu fokussieren konnten. Außerdem mussten wir uns wieder erden, denn wir wussten, was kommen würde. Wir waren wieder voll drin in *Counter-Strike* und das ist ein globales Ding. Man reist von Turnier zu Turnier und ist ständig an Flughäfen, im Flieger oder in Hotels.

Jetzt ging es Schritt für Schritt weiter. Wir mussten viel Unterstützung und Betreuung für unser brasilianisches Team leisten. Zudem war der Turnierkalender in *Counter-Strike* erbarmungslos. Die Austragungsorte liegen geografisch weit auseinander. Die Jungs mussten als Nächstes die Gruppenphase der E-League in Atlanta spielen, anschließend stand die ESL One New York auf dem Plan. Da sind wir bis ins Halbfinale gekommen. Wir hatten also noch Hausaufgaben zu erledigen. Platz drei bis vier ist gut. Aber wir wollten natürlich mehr.

Es war ein einziges Reisen. Im Oktober ging es nach Moskau. Dort stand das EPICENTER-Event an, das für uns besonders wichtig war. Der Veranstalter gehörte nämlich der Holding an, zu der auch wir gehörten. Es war prunkvoll. Wir waren in einem Fünf-Sterne-Hotel untergebracht, die Arena fungierte normalerweise als Eishockeystadion.

Während das Team in Moskau die Gruppenphase spielte, hörte ich von Spannungen. Ich war gerade mit der Familie in den Herbstferien. Aber ich brach ab und flog direkt nach

Russland. Als ich ankam, befand sich das Team erstmals in einer wirklich kritischen Lage. Es zeigte Auflösungserscheinungen. Jedenfalls stand für die Jungs fest, dass sie einen Spieler austauschen, also aus dem Team schmeißen wollten. Und das, obwohl das Turnier für uns noch gar nicht zu Ende war. Wir hatten das Viertelfinale gegen G2 Esports vor uns.

Das war wieder so eine Mission. Ich sprach bis drei Uhr morgens mit den Spielern, um eine Lösung zu finden. Ich wollte das Turnier für uns retten und verstand gar nicht, was überhaupt das Problem war. Deutsche Ratio traf auf brasilianische Emotionen. Eine Rolle spielte mit Sicherheit auch, dass das Team in New York von Virtus.pro seine Grenzen aufgezeigt bekommen hatte. Das war ein Rückschlag, den es zu verarbeiten galt. Das gelang aber erstmal wegen der Querelen nicht.

Es war eine vertrackte Lage. Ich wollte das Team positiv beeinflussen. Und das würde bedeuten, Lincoln „fnx" Lau rauszunehmen, Das war nicht mein Wunsch, aber vor allem fer bestand darauf, einer unser Schlüsselspieler. Die anderen drei Spieler waren unentschlossen. Obwohl wir die ganze Nacht diskutiert hatten, konnten wir zumindest das Viertelfinale gegen G2 Esports gewinnen. Im Halbfinale war dann Schluss, Wieder waren wir an Virtus.pro gescheitert.

Das war der Anfang einer unnötigen Durststrecke. Mit dem Team war in der damaligen Form nicht mehr an Titel zu denken. Der letzte Punch fehlte. Man merkte, wie das

Team, nach dem rasanten Aufstieg zur Nummer Eins der Welt, gegen die ersten Wände lief. Sie hatten mit sich zu tun und mussten erstmal verstehen, wie man damit nun umgeht.

Eine Woche nach dem Event in Moskau stand das erste Heimevent in Sao Paulo an. Vor 11 000 Brasilianern zu spielen, war etwas Besonderes für die Spieler. Leider genossen sie es zu sehr. Zwei von ihnen feierten die Nacht vor dem Halbfinale gegen NiP zu lang. Es wurde ein hartes Match. Ich schaffte es nicht, mir das Match live anzusehen. Es gibt ein Bild von mir, wie ich hinter der Bühne stehe, ganz allein, die Hände vorm Gesicht. Ich verfolgte den Spielstand und das Geschehen durch die Reaktionen des Publikums. Die Anspannung war unerträglich. Aber wir zogen ins Finale ein und hatten nun einen vermeintlich leichteren Gegner, C9 aus den USA. Doch unser Team war ausgelaugt. Es enttäuschte.

Auch der Jahresauftakt 2017, bei der WM in Atlanta, verlief schleppend. Wieder nur ein Halbfinale, gefolgt von einem zweiten Platz direkt danach in Las Vegas. Im März und April dann rutschte das Team komplett ab und man merkte, wie angespannt alle waren. Auf Platz Elf in Polen folgte im April ein Turnier in Kiew, bei dem ich nur während der Gruppenphase mit dabei sein würde. Die Playoffs hatte das Team ohne mein Beisein gespielt. Bei mir stand der Osterurlaub mit der Familie an. Das Team hatte aber natürlich Manager und Coaches dabei. Camilla und Ricardo meldeten sich dann per WhatsApp. Sie berichteten, mal wieder, von Riesenproblemen im Team. Wieder sollten Spieler ausgetauscht werden, diesmal war der Streit nur noch heftiger. Keiner wollte mehr mit dem anderen sprechen. Camilla bat mich, aus dem Urlaub ein Video aufzunehmen. Ich sollte in väterlicher Rolle auftreten, um zu schlichten, aber auch, um den Jungs ein bisschen den Kopf zu waschen. Aus der Ferne war das schwer zu steuern und nachzuvollziehen. Die Spieler flogen mit mieser Stimmung von Kiew nach Hause, in Los Angeles, im Uber, soll es auf dem Weg ins Teamhouse in Newport Beach sehr still gewesen sein. Dort erwartete die Jungs aber eine Überraschung. Camilla hatte sich großartig gekümmert. Sie zeigte den Spielern ein emotionales Video. Da sind viele Menschen zu Wort gekommen. Natürlich einmal ich, klar. Aber eben auch viele andere Menschen aus der Organisation – und Leute wie Neymar, der Fußballstar aus Brasilien, der auch passionierter *Counter-Strike*-Spieler ist. Auch die Eltern der Spieler hatten Videos aufgenommen. Sie haben ihnen deutlich gemacht, welche Chance sie da eigentlich hatten. Sagten ihnen, dass sie nicht um jeden Blödsinn streiten sollten. Es wirkte. Sie rauften sich zusammen. Es gab Luftballons und Kuchen. Der Streit war tatsächlich schnell vergessen.

Dass der Superstar Neymar ein SK-Fan wurde, ist nicht übertrieben. Das war in der Winterpause, über Weihnachten, da gibt es kaum Turniere und die Spieler haben Zeit, ein paar

Tagen mit der Familie zu verbringen und Freunde wiederzusehen. Unsere Brasilianer fuhren wieder in ihre Heimat. Plötzlich bekam ich Bilder, wie unsere Spieler gemeinsam mit Neymar *Counter-Strike* spielten. Der Megastar hatte sogar Fanartikel von uns, wie ich später sehen würde. Tatsächlich gibt es schon viele Profisportler, die gerne Videogames spielen. Ein paar dieser Spieler sind auch mit der Profiszene im E-Sport verknüpft.

Aber auch E-Sportler spielen Fußball. Wir haben das mit unseren Brasilianern immer gemacht, wenn sie in Köln waren. Sie kamen dann mit uns donnerstags in die Soccerhalle. Da spielten die jungen Südamerikaner gegen eine etwas angegraute Truppe, zu der auch ich gehörte. Einmal mussten wir auf einen Sonntag ausweichen, wodurch meine Fußballtruppe nicht komplett war. Also haben wir einen Online-Aufruf gestartet. Die Rivalität mit Virtus.pro habe ich schon erwähnt. Und ausgerechnet diese Hauptkonkurrenten in *Counter-Strike* meldeten sich auf unseren Aufruf. „Wir Polen zeigen euch gerne mal, wie man richtig Fußball spielt", so ungefähr lautete ihre Ansage. Wir nahmen die Herausforderung an.

Wir zogen ein *Counter-Strike*-Match auf, das wir Round Thirty-One nannten. Denn ein *Counter-Strike*-Match hatte damals normalerweise 30 Runden. Wir mieteten nach der ESL One Cologne 2017 das RheinEnergie-Stadion. Dort spielten wir auf einem abgesteckten Teil des Feldes fünf-gegen-fünf, zweimal 20 Minuten. Das ganze

Drumherum war wie bei einem echten Fußballspiel. Die Heimkabine des 1. FC Köln war in den SK-Farben und mit Logos dekoriert, Virtus.pro hatte die Auswärtskabine. Wir sind durch den Tunnel ins Stadion eingelaufen, es war wie ein echtes Fußballspitzenspiel. Zudem hatten wir demonstrativ alle unsere großen E-Sport-Pokale mitgebracht und in der Umkleide ausgestellt. Übrigens schlugen wir die Polen – für mich als Kölner im eigenen Stadion etwas ganz Großartiges.

Als Titelverteidiger ging es dann auf das Turnier der Turniere zu, die ESL One Cologne.

Die ESL One Cologne 2017 war für uns ein großer Fixpunkt. Wir hatten in den zwölf Monaten nach dem ersten Triumph viel erlebt, waren durchaus schlagbar, vor allem, wenn es zu Unruhe im Team kam, aber wir hatten gerade wieder Fahrt aufgenommen. Im Mai hatten wir in Australien wieder Titel gewonnen. Und: Wir waren Titelverteidiger in Köln und standen in der Weltrangliste ganz oben.

Noch nie zuvor war es einem Team gelungen, „back to back" dieses Turnier zu gewinnen.

Der Weg durch das Turnier war für uns nicht einfach. Dominanz strahlten wir in der Gruppenphase nicht aus. Fürs Viertelfinale qualifizierten wir uns erst im entscheidenden Spiel gegen fnatic. Dann ging ein Ruck durchs Team, das merkte man. Wir stürmten ins Finale. Dort trafen wir auf C9, die Amerikaner, die uns in Sao Paulo wenige Monate zuvor noch eine sehr schmerzhafte Niederlage zugefügt hatten. Es war ein „walk in the park", wie man so schön sagt. Selten war ich in einem solchen Match von der ersten Runde an so entspannt.

Jetzt hatten wir also zwei Triumphe beim wichtigsten Turnier eingefahren. Wohin konnte es als Nächstes gehen? Na ja: zum FC Bayern! Unsere russischen Owner, die Holding, wollten jetzt mitreden und mit uns Großes umsetzen.

Der CEO hieß Anton. Er sagte mir kurz nach der ESL One, dass er mit dem Manager von Natus Vincere und mir nach München fliegen wolle, um dort mit dem FC Bayern München zu sprechen. Anton kam mit seinem Privatjet nach Köln, sammelte Jens und mich ein. Die Tür war noch nicht ganz zu, da hatte Anton sich schon die erste Zigarette angezündet. Er rauchte bis zur Landung in München durchgehen. Das war schon ein irrer Flug.

Zum Meeting mit dem FC Bayern kamen wir dann fast zu spät. Wir stiegen aus dem Jet in eine Limousine um. Ich war nervös, denn wir waren in Verzug. Anton sagte, es sei doch kein Problem, zur Allianz Arena sei es nicht so weit. Stimmte natürlich, aber das Meeting war an der Säbener Straße und das war nochmal eine ganz andere Strecke. Anton wechselte in der Limousine von Lounge Wear in einen Anzug. Auf dem Termin merkte man, dass er eine andere Hierarchie gewohnt war, dass er sich als Chef am Tisch gefühlt haben muss. Aber so funktioniert das bei den Bayern nicht. Da haben andere die Lederhosen an.

Hinzu kam, dass unsere Seite schlecht vorbereitet war. Man hatte gemeinsam mit einer israelischen Investment-Bude etwas vorbereitet, aber der Pitch war nicht gut. Im Prinzip ging es darum, den Bayern Natus Vincere schmackhaft zu machen, damit sie die Organisation kauften. Es war ein merkwürdiges Meeting. Antons Haltung war fehl am Platz. Die Interessen aller am Tisch Sitzenden hätten nicht weiter auseinanderliegen können. Es gab keine gemeinsame Basis.

Zum Glück kannten mich die Verantwortlichen des FC Bayern München am Tisch bereits. Beim Rausgehen wechselte ich kurz ins Deutsche. Ich brauchte einen versöhnlichen Abschluss. Ja, wir mussten schon ein wenig über die vergangenen 90 Minuten schmunzeln. Ich glaube, niemand wusste wirklich etwas mit dem gerade Erlebten anzufangen. Falls es vor diesem Trip die Hoffnung auf eine Kooperation gegeben hatte, war diese nach unserem desaströsen Vortrag nun erloschen.

Nach dem zweiten ESL-One-Titel wurde es dann mal wieder richtig wild. Die Jungs hatten sich in den USA urplötzlich eine neue Anwältin genommen. Sie hatte brasilianische Wurzeln und war auf einer Wellenlänge mit den Jungs. Außerdem kam sie aus dem Bereich UFC Fighting[54], wo sie Kämpfer vertrat. Diese Frau ging nun auf uns los.

Und wie! Sie erhob vollkommen unrealistische und abstruse Forderungen. Es ging um die Gehälter und anderweitige Vorteile für sie. Schließlich verdiene SK nur dank der Spieler massig Geld. Wieder mal versuchten wir, Ruhe zu bewahren. Das ist nicht ganz einfach, wenn dir kontinuierlich Unsinn vor den Kopf geballert wird. Noch schlimmer: Die Spieler hörten Dinge, die ihnen den Kopf verdrehten.

Wir hatten ja schon öfter erlebt, wie es im E-Sport abläuft: Irgendwann kommt jemand und setzt den Leuten einen Floh ins Ohr. Und schon meinen die Spieler, sie müssten das Fünffache von dem bekommen, was sie bei uns hatten. Dabei waren wir eine richtig gute Organisation, seriös, mit guten Gehältern. Keine Organisation hätte damals umsetzen können, was diese Frau forderte. Anstatt eine Dynastie aufzubauen – sicher hätten wir mit den Brasilianern vier, fünf Jahre die CS-Welt beherrschen können –, sorgten die Jungs für Querelen, moserten rum, machten Stress. Vor allem Manager Ricardo hatte eine eigene wilde Agenda, die einfach nicht zu SK Gaming passte.

Nun schrieben sich die Anwälte: die Frau aus den USA, unsere Juristen. Man versuchte, ruhig und sachlich zu bleiben, stets in der Hoffnung, dass dieser Unsinn sich erledigen würde. Man hätte über alles reden können, aber eben auf einem festen und guten Fundament und nicht auf Basis irgendwelche Luftschlösser. Der Streit zog sich über Monate hin. Währenddessen änderte sich bei uns

Grundlegendes. Und damit auch die Rahmenbedingungen für die *Counter-Strike*-Jungs.

Im Oktober 2017 fuhr ich nach Hamburg zur ESL One im MOBA-Spiel *Dota 2*. Das war ein *Dota 2*-Major, also für die Szene des Spiels sehr wichtig – ein großartiges Event. Es war sehr gut organisiert und auch das erste Event, bei dem Mercedes Benz als Partner der ESL präsentiert wurde. Die Firma machte einen großen Aufschlag im E-Sport. Da ist dann auch die Idee entstanden, dass Jens Thiemer, der Marketingleiter von Mercedes, und ich uns mal in Köln treffen sollten. Jens ist ein direkter und zukunftsdenkender Mensch. Er hat direkt gesagt, dass er mehr machen möchte als nur das, was er mit der ESL macht. Er wollte, dass die Marke Mercedes ein integraler Bestandteil des E-Sports wird.

Das passte. Wir bauten damals erneut die Gesellschaft um.

Nach dieser spielerisch wilden Fahrt entstand ein wichtiges strukturelles Fundament bei SK Gaming, nämlich der geplante Einstieg von Mercedes Benz auf der Gesellschafterebene. Jens Thiemer von Mercedes trieb das Thema intern aus dem Marketing voran und holte das M&A-Team mit an Bord. Wenige Wochen nach unserem ersten Treffen in Köln sind wir nach Stuttgart gefahren und haben sein Team kennengelernt. Mit dabei war auch der für mich beste M&A-Experte: Lars Wettlaufer. Er hat alle Prozesse und Gesellschafterwechsel beziehungsweise

Erweiterungen mitbegleitet. Das brachte Mehrwert für alle Beteiligten.

Lars nimmt sich bis heute für SK Gaming immer Zeit, auch wenn er längst beruflich weitergezogen ist. Man kann ihn jederzeit anrufen, ihm Fragen stellen. E-Sport ist auch für ihn ein Herzensthema. Das mögen wir bei SK Gaming. Wir arbeiten sehr gern mit Menschen zusammen, die eine Passion für die Sache haben. Das merkt die ganze Szene. Das glaubt man uns.

Lars hatte mich bezüglich *Counter-Strike* auch im März 2018 angerufen. Er machte deutlich, dass *Counter-Strike* eine rote Linie für Mercedes Benz war. Wenn wir sie als Gesellschafter wollten, würde *Counter-Strike* weichen müssen. Das war eine schwierige Entscheidung, aber wir sahen es ein. Mercedes bot uns eine noch größere Chance.

Die Baustelle mit der russisch geführten Holding lösten wir parallel dazu. Es war klar geworden, dass niemand mehrere Teams besitzen sollte. Deswegen mussten wir aus der Holding raus. Also galt es, einen fairen Exit zu finden. Aber Mercedes konnte nur ein Drittel der Anteile kaufen, nicht zwei Drittel. Hintergrund ist, dass sie nicht der beherrschende Gesellschafter in der Company sein konnten, das hätte SK Gaming in ein viel zu enges Compliance-Korsett geschnürt.

Wir brauchten neben Mercedes also einen weiteren neuen Gesellschafter, der auch ein Drittel der Anteile übernehmen wollte. Wir haben unter anderem mit deutschen

Fußballnationalspielern und anderen internationalen Sportstars gesprochen, darunter auch aktive NBA[55]-Stars. Ich hatte aber noch ein Gespräch mit Alex Wehrle vom 1. FC Köln im Kopf, mit dem wir bereits eine lose Kooperation eingegangen waren: „Wenn am Gesellschaftertisch bei euch ein Platz frei wird, dann sag uns bitte Bescheid", hatte er damals gesagt.

Das tat ich, obwohl es beim FC gerade ordentlich Probleme gab, der Klub taumelte in Richtung Abstieg. Dennoch trafen wir uns zum Mittagessen. Ich rechnete damit, dass wir ein schönes Essen zusammen haben, zum Abschluss einen Espresso trinken würden, Wehrle aber momentan nichts würde machen können. Es kam dann aber ganz anders. Alex schaute mich an, nachdem ich ihm meine Idee präsentiert hatte. Dann ging es unfassbar schnell. Wir waren mit dem FC ja schon in einer Partnerschaft. Man kannte einander und hatte bereits Schnittstellen.

Jahre zuvor hatten wir uns bereits damit beschäftigt, was wir als Team tun mussten, um „corporate ready" zu sein. Für uns war es einfach wichtig zu verstehen, was große Brands brauchen, um sich für uns als Partner zu entscheiden. Das ist über die Jahre zu unserer DNA geworden. Weg vom Rock'n'Roll der Anfänge, hin zur Seriosität.

Der letzte Punkt, der uns zum Ausstieg aus *Counter-Strike* bewog, war eine Ankündigung des Publishers Riot Games. Der wollte in Europa die Liga LCS EU ersetzen. Das war eine Chance. Es sollte ein neues Ligensystem samt

Franchises entstehen, für das man sich bewerben konnte. Nach unserem Abstieg im Jahr 2015 mussten wir das Thema *League of Legends* neu angehen. Hier war die Gelegenheit. Wir schickten eine 120-Seiten-Präsentation an Riot. Da konnten wir reinschreiben, dass wir mit Mercedes Benz und dem 1. FC Köln zwei überragende Partner an Bord hatten. Außerdem konnten wir auch schon einen Deal mit der Deutschen Telekom anteasern, also einem dritten Brand von Weltniveau. Besonders schön war, dass wir hier insbesondere die Deutsche Telekom sehr eng an unserer Seite gehabt haben. Nicht nur als Partner, sondern sie wollten auch eine Gesellschafterrolle. Von sich aus, weil sie an das Thema geglaubt haben – und es bis heute tun.

Wir beschlossen also, dass in einem ersten Schritt Mercedes und der 1. FC Köln jeweils ein Drittel der Gesellschafteranteile übernehmen würden und wir somit nicht mehr Teil der russischen Holding wären. Die Telekom gaben wir Mitte 2018 als Hauptsponsor bekannt und intern einigten wir uns darauf, dass sie zu den gleichen Konditionen wie Mercedes und der 1. FC Köln in die Gesellschafterrolle rücken sollte. Das ist wirtschaftlich gesehen bis heute einer der besten Momente meines Lebens. Nach der Achterbahnfahrt, die wir mit SK Gaming in *League of Legends* erlebt hatten, war das etwas ganz Besonderes für uns. Wir durften nun die deutsche Community repräsentieren. Zumindest, wenn das mit der Bewerbung klappte.

Aber die Sache mit *Counter-Strike* war vorbei, die Geschichte mit den Brasilianern schneller passé, als eigentlich hätte sein müssen. Es gab noch einzelne wichtige Turniere, die in Erinnerung geblieben sind. So etwa das Finale der Blast Pro Series in Kopenhagen im November 2017. Ricardo wollte nicht reisen. Ich weiß nicht, warum das so war. Für das Team war das auf jeden Fall nicht gut, also bin ich mal wieder zum Team gereist. Hier war schon klar, dass die Zusammenarbeit zwischen den Brasilianern und SK Gaming nicht mehr lange funktionieren würde.

Wir fanden aber nochmal zusammen. Im Grunde habe ich versucht, die Rolle des Managers und Coaches zu übernehmen, zumindest in Sachen Motivation und Emotionalität. Wir sind dann gegen die dänischen Lokalhelden von Astralis ins Finale eingezogen. 14 000 Zuschauer, alle gegen uns. Am Anfang lief das entsprechend schlecht. Die haben uns ziemlich vorgeführt und uns sprichwörtlich den Boden unter den Füßen weggezogen.

Ich weiß noch, dass ich von einem Spieler zum anderen ging. Zu dem Zeitpunkt war es still bei uns, man fand sich mit einer drohenden Niederlage ab. Sie haben kaum miteinander geredet. Ich schnappte mir jeden Spieler kurz und sagte: „Weißt du was? F*ck it. Wir spielen einfach eine Runde nach der anderen und schauen nicht auf das Ergebnis." Fist-bump, kurzes Lächeln, aber ernster Blick. Da ging ein Ruck durch das Team. Wir haben das Momentum dann zu unseren Gunsten gedreht und konnten ein 15:15

auf der alles entscheidenden Map rausholen, mussten also in die Overtime. Ja, wir gewannen den Titel, gegen Astralis, in Dänemark. Und ich stand direkt daneben mit auf der Bühne.

Bis heute habe ich zu einigen der Spieler ein sehr gutes Verhältnis, vor allem zu Gabriel, dem Teamcaptain. Lange nach dem Bruch sind wir zusammen ins Kino gegangen und haben viel geredet. Wir schreiben uns regelmäßig Nachrichten. Und er hat mir auch ein sehr schönes Geschenk gemacht, an das ich mich heute noch gerne erinnere. Ich liebe Fußball, ich mag auch die Bayern, und das hat vor allem mit einem Spieler zu tun: Søren Lerby. Denn der hat mal an einem Tag zwei Pflichtspiele bestritten – eines mit Dänemark in Irland, eines mit den Bayern in Bochum. Eine wilde Geschichte. Die hat mich zum Bayern-Fan werden lassen. Ein anderer Bayer, den ich wirklich großartig fand, war Ze Roberto. Nun hatte Gabriel das Glück, im August 2017 bei Palmeiras São Paulo zu Gast zu sein, dem Verein, wo Zé Roberto seine Karriere ausklingen ließ. Er organisierte mir ein Trikot und ließ es signieren. Dazu gibt es auch ein Video, in dem Zé Roberto mir das Trikot widmet und mich nach Brasilien einlädt.

Diese Aktion zeigte mir, dass Gabriel ein feiner Kerl ist. Der hatte schon ein Gespür dafür, was SK Gaming für ihn und seine Jungs alles gemacht hatte. Wir haben uns auch auf persönlicher Ebene sehr gut verstanden und das hat sich bis heute nicht geändert.

Die Sache lief dann aus. So nah dran wie in Kopenhagen waren wir nie mehr. Das *Counter-Strike*-Team haben wir nicht mehr intensiv begleitet, zu Events sind wir aus Köln nicht mehr gereist. Im März 2018 kam es dann im Team in China zum Bruch mit dem Spieler TACO. Er würde sie, so die anderen, spielerisch nach unten ziehen. Zu der Zeit hatte ich einen sehr guten Draht zu TACO. Wir haben viel miteinander gesprochen und er hat mich angesichts der Situation um Rat gefragt. Ich legte ihm nahe, das Angebot einer nordamerikanischen Organisation anzunehmen. Für ihn war es Zeit, von SK Gaming wegzugehen.

## Der weitere Weg in *Counter-Strike* und neue Ufer

Es gibt auch schöne Erinnerungen an unsere *Counter-Strike*-Reise. Eine davon: eine Dokumentation, die wir mit einem Super-Produktionsteam aufgenommen haben. Die begleiteten uns 2016 bei mehreren Turnieren. In der Rückschau ist es nochmal schöner, dass wir so etwas filmisch festgehalten haben. Das Filmteam war in den USA und Brasilien bei mehreren Turnieren mit dabei, zum Beispiel in Oakland und New York. Einmal im Jahr schaue ich mir diesen Film an und dabei kommen mir immer wieder Tränen. Ich schaue nicht nachtragend auf diese Zeit zurück, sondern mit Dankbarkeit, auch wenn es anstrengend und teils echt nervtötend war. Insbesondere die Spieler Fallen und fer rückten die Sache auch nochmal gerade. Sie haben sich später mehrfach positiv über uns geäußert und offensichtlich gemerkt, dass viele Fehler auf ihrer Seite gemacht wurden. Aber Haken dahinter. „No hard feelings". Wir sind bis heute sehr dankbar, dass wir das mit den Jungs erleben durften, und würden das auch nie eintauschen. Die Doku ist sehr gelungen. Sie zeigt unseren Weg und gewährt einen tiefen Einblick in alles, was damals passiert ist. Man sieht viel von den Spielern mit den sensiblen brasilianischen Seelen, um die wir uns damals kümmern mussten. Natürlich erfährt man darin nicht das ganze Drama, das drumherum passiert ist. Aber es ist eine schöne Dokumentation der E-Sport-Geschichte geworden. Tolle Bilder, spannende Geschichten, viel Emotionalität. Dadurch konnten wir auch einen versöhnlichen Schlussstrich unter zwei herausragende Jahre *Counter-Strike* bei SK Gaming ziehen.

Der Abschluss unserer Reise mit den Brasilianern war dann eher katastrophal. Das Team hatte seinen Glanz und seine Strahlkraft verloren. Die Spieler sind relativ früh zum Team Made in Brasil gegangen und haben mit denen gesprochen. Wir wollten, dass es geordnet läuft. Sie sollten sich nicht vorschnell mit fremden Sponsoren zeigen, keine „Made in Brasil"-Postings absetzen, bevor alles offiziell war, keine Äußerungen in Streams tätigen. Das verlangt die Professionalität, für die wir bei SK Gaming immer gestanden haben.

Was für eine wilde Zeit: Ausstieg aus *Counter-Strike* und Abschied von den Brasilianern, Umbau der Gesellschaft und Wiedereinstieg in *League of Legends*. Und das alles praktisch gleichzeitig. Langweilig wurde es mir in dieser Zeit nicht. Außerdem wollten wir zusätzlich Ende des Jahres umziehen und unser Leistungszentrum neugestalten. Wir waren zu dem Zeitpunkt seit elf Jahren in den alten Büroräumen und wollten nun etwas Repräsentativeres und Funktionaleres.

2018 wuchs SK Gaming aus der Pubertät heraus und wurde erwachsen.

# Kapitel 6

# Weltklasse, seriös, nachhaltig

## Ein neues Zuhause: Räumlichkeiten und Leistungszentrum

SK Gaming ohne Shooter, das war ein großer Schritt. Man bedenke, wo wir hergekommen sind. 1997 als *Quake*-Clan gegründet, danach bekannt durch *Counter-Strike*. Im Lauf der Jahre hatten wir auch immer wieder *Quake*-Turniere gewonnen, was vielleicht etwas kurz gekommen ist. Insbesondere die Leistungen von Shane „rapha" Hendrixson waren unfassbar.

Ganz früher war er Trainingspartner von John „ZeRo4" Hill. Irgendwann war John über seinen Zenit hinaus war. „Aber schaut euch mal den Shane an", sagte er uns. Der sei der incoming Star. Bereits nach acht Wochen gewann er sein erstes Turnier, und er hielt das Niveau. Noch 2023 gewann er ein Turnier. Mit rapha haben wir ein Stück E-Sport-Geschichte geschrieben.

SK Gaming immer weiterzuentwickeln, das war stets unser Ansinnen, sowohl sportlich als auch in Sachen

Infrastruktur. In dieser Hinsicht war 2018 ein entscheidendes Jahr.

Im neuen Headquarter am Kölner Stadtwaldgürtel hatten wir nicht nur ausreichende und moderne Büros, sondern auch Trainingsmöglichkeiten, einen Fitnessraum und eine große, offene Küche für die Spieler. Das war ein Quantensprung.

Heute sind E-Sportler Role Models für die Gesellschaft. Wenn man sich die die Entwicklung des E-Sports anschaut, ist das eine logische Konsequenz. Sie sind Vorbilder, die gesellschaftlichen Vorurteilen trotzen. Daher unterstützen wir sie, wo und wie es nur geht, damit sie positiv aufgeladen sind. Auf diese Weise wird E-Sport auch im gesellschaftlichen Kontext immer positiver wahrgenommen. Wenn man sieht, wie gesund unsere Spieler leben und wie gut sie eingebettet sind im Team, bei SK Gaming und in ihrem sozialen Umfeld mit Familie und Freunden, dann spricht das für sich. Man muss einfach anerkennen, wie fokussiert und leistungsorientiert sie sind. Das ist das Schöne daran, wenn man ganzheitlich agiert und den Menschen in den Fokus rückt.

Es geht immer auch um die Wirkung nach außen, darum, Geschichten über den E-Sport zu erzählen, wie er sich aus einer Nische heraus zu etwas ganz Großem entwickelt hat, letztlich um Marketing. Unsere Einrichtung hieß von Anfang an SK Magenta Facility. Das war wie bei Fußballstadien, etwa der Allianz Arena oder dem RheinEnergie-Stadion.

Mit Benny Kugel holten wir einen Fitnesscoach an Bord, von 2010 bis 2018 Athletikcoach der deutschen Fußballnationalmannschaft, also auch in Brasilien dabei, als Deutschland Weltmeister wurde. (Ich finde es heute noch surreal, wenn ich Bilder von Benni sehe, wie er mit Schweinsteiger auf dem Rasen steht, den Pokal mit breitem Grinsen in der Hand.) Er ist ein Top-Experte und betreut unsere Spieler in Sachen Fitness und Health bis heute. Von seinem Wissen und seinen Herangehensweisen profitieren wir auch als Club insgesamt.

Natürlich betreiben wir bei unseren Spielern Leistungsdiagnostik, schließlich ist E-Sport bei den Profis Leistungssport. Zum Beispiel suchen wir nach körperlichen Dysbalancen. Sind die rechte und die linke Körperhälfte im Gleichgewicht? Im E-Sport ist das wichtig, weil es um kontinuierlichen Fokus und ständige Konzentration samt daraus resultierender Anspannung geht. Mit einer besseren Körperbalance kann ein Spieler den Fokus länger halten. Das sind kleine Stellschrauben, die aber große Wirkung haben.

In unseren neuen Räumlichkeiten hatten wir auf einmal ganz andere Möglichkeiten. Dazu gehört neben einem großen Bereich zum Spielen und Trainieren auch eine gut ausgestattete Küche. Gesundes Essen ist ebenfalls wichtig, wenn man Leistung bringen möchte.

Unsere „Chefs" haben das immer im Blick. Das Vorurteil, dass Spieler andauernd Fastfood in sich hineinstopfen, ist ohnehin Unsinn. Ernährung ist für sie genauso wichtig wie für andere Sportler auch. Es ist mittlerweile so, dass die Eltern unserer Spieler bei uns nach Rezepten fragen, weil diese ihnen vorschwärmen, wie gut und gesund bei uns das Essen ist.

Wir machen auch Ausgleichssport und haben ein gut ausgestattetes Gym mit Geräten für Kardio- und High-Frequency-Training, Yogamatten, Eisenpumpen und vielem mehr. Körperliche Fitness ist essenziell, wenn man im E-Sport langfristig erfolgreich sein möchte.

Dabei haben wir stets versucht, für die einzelnen Bereiche Sponsoren und Partner zu gewinnen. Um die Spieler herum ist ein wunderbarer Kokon entstanden, ein Netz von Möglichkeiten. Wichtig war und ist uns dabei immer, dass alles auf Freiwilligkeit beruht. Wir machen Angebote, und die Spieler entscheiden, ob sie sie annehmen wollen.

Sehr früh, bereits 2014/2015, fingen wir an, mit Sportpsychologen zu arbeiten. In der Mediathek von Arte findet man dazu eine schöne Dokumentation, die Mia Stellberg, unsere ehemalige Sportpsychologin, bei ihrer Arbeit zeigt. Mia arbeitet mit Olympioniken und ergänzt das, was Benni und sein Team im physischen Bereich leisten. Daneben stellen wir den Spielern auch Physio-Behandlung zur Verfügung.

Und nicht zuletzt machen wir auch Rock'n'Roll, Sachen, auf die wir schlicht Bock haben. Der Spaß darf nie auf der Strecke bleiben. Aber die Basis bei SK Gaming ist eine seriöse. Es geht um harte, konsequente und konstante Arbeit. Es geht um Disziplin, Struktur und das Gemeinsame.

## Deutsche Telekom, 1. FC Köln, REWE: Power im Beirat

Die Gesellschafterstruktur, deretwegen wir aus *Counter-Strike* ausstiegen, ist heute ein wichtiger Baustein von SK Gaming. Zur Erinnerung: Andreas und Ralf wurden 2015/2016 als stille Gesellschafter bei SK Gaming abgelöst. Im Grunde braucht niemand stille Gesellschafter, weil sie nichts aktiv leisten – außer im Zweifel eine Zweidrittelmehrheit gegen mich bei einer Gesellschafterversammlung zu bilden. Wir verkauften also ihren Teil an eine russische Holding. Das änderte sich 2018 wieder, als Mercedes und der 1. FC Köln hinzustießen, jeweils ein Drittel der Company kauften und die russische Holding ablösten. Schließlich kam auch die Deutsche Telekom hinzu, die uns nochmal gepusht hat.

Die Unternehmen wollten nicht mehr nur Partner sein, sondern als Gesellschafter ein fester Bestandteil von SK Gaming. Ich führte hierzu Gespräche mit Timotheus Höttges, Chef der Deutschen Telekom, der lieber Tim genannt werden möchte. Ich traf selten jemanden, der trotz seiner hohen Funktion so nahbar ist. Er signalisierte, dass die Telekom im Großen und Ganzen dem E-Sport positiv gegenüber eingestellt sei. Ehrlicherweise muss man sagen, dass es bei der Deutschen Telekom weniger smooth als bei Mercedes oder dem 1. FC Köln lief, wo es keinerlei Widerstände gab. Ich erinnere mich an ein Treffen im RheinEnergie-Stadion, bei dem Alex Wehrle den Einstieg des FC dem Gemeinsamen Ausschuss, einem Leitgremium des Klubs, intern präsentierte. Ich war mit dabei, um eventuell Fragen zu beantworten. Ebenfalls anwesend war Lionel Souque, der CEO der Rewe, der später eine entscheidende Rolle spielen sollte. Als wir 2019 mit der Telekom sprachen, gab es schon Kritiker.

Aber da muss man eben durch. Wenn man mit Konzernen arbeitet, darf man nicht naiv sein und glauben, dass immer alles glatt und ohne Haken läuft. Wir hatten den ersten Abschluss gemacht, wir hatten Mercedes als Gesellschafter ab Dezember 2018 an Bord, den 1. FC Köln ebenso. Mit der Deutschen Telekom startete unsere Partnerschaft bereits Mitte 2018, Gesellschafter wurden sie aber erst Ende 2019.

Damit hatten wir ein langfristiges Ziel erreicht. Es ist schon etwas Besonderes, wie wir kontinuierlich seit den 2000er-Jahren die Kommerzialisierung vorangetrieben haben und wie weit wir gekommen sind. Wir sitzen mit Tim, dem Vorstandsvorsitzendem der Deutschen Telekom, zusammen und er gehört zu uns, hört uns zu, findet uns gut. SK Gaming ist Teil seiner Unternehmenskommunikation. Wir waren angekommen, wurden von den ganz Großen der deutschen Wirtschaft ernstgenommen.

## *League of Legends* als ganzheitliches Konzept

Sportlich nahmen wir uns auch Neues vor. Wir begannen die Reise mit der LEC. Dass wir als Team die Zulassung bekamen, war eine große Sache. Als das Telefon klingelte und mich Rema von Riot Games beglückwünschte, nahm ich meine Umgebung nicht mehr so richtig wahr, die Emotionen kochten hoch. Ich jubelte still in mich hinein, machte eine Becker-Faust

Es gab ein neues Projekt! Eines, das bis in unsere Urzeit zurückreichte. Man erinnert sich vielleicht: *League of Legends* hatte ich das erste Mal gesehen, als die Jungs von Riot Games es auf der E3 in Los Angeles vorgestellt hatten. Den Messestand hatten sie sich nicht leisten können, also zeigten sie es uns in einem Showroom in der Nähe der Messe. Im Vergleich zu den anderen relevanten Games des MOBA-Genres, *Heroes of Newerth* (HoN) und *Dota 1*, sah *League of Legends* relativ kindlich aus. Ich merkte damals in Amerika, dass viele Leute skeptisch waren. Aber ich fand das Spiel eigentlich ganz cool. Wir taten uns mit Riot zusammen, halfen denen auch bei unserer Heimmesse in Köln. Na ja, das waren so die frühen Jahre.

Jetzt, so viele Jahre später, war Riot, war *League of Legends* weltbekannt. Jetzt hatten wir längst eine eigene Geschichte mit dem Titel. Wir waren weit gekommen und tief gestürzt. Wir hatten unsere *League-of-Legends*-Schlappe mit *Counter-Strike* überwunden. Diese Delle, dieses Kapitel war für uns abgeschlossen. Jetzt wollten wir wieder zu *League of Legends*, für uns war das „unfinished business".

Der Anruf kam vor der offiziellen E-Mail mit der offiziellen Bestätigung. Ich war super aufgeregt und trommelte das Team zusammen. „Zack, Leute. Wir müssen Infrastruktur in Berlin bauen. Wir müssen ein Team bauen. Wir müssen das Team nach Berlin bringen und ein Leistungszentrum zur Verfügung stellen. Wir brauchen Trainer. Wir brauchen alles. Auf geht's!"

Es blieb nicht viel Zeit, um innezuhalten. Das waren wir gewohnt. Die Ruhe genieße ich jetzt, während der Arbeit an diesem Buch. Damals, als es um die Liga ging, überschlugen sich die Ereignisse. Bewerbungsgespräche in Berlin, bei denen Vertreter von Mercedes und Telekom anwesend waren, zig Telefonate und E-Mails. Dann hieß es bangen. Dann die Erlösung und der große Startschuss. Jetzt ging die Hektik erst richtig los. Vollgas: Facility, Spieler, Teammanagement suchen, Infrastruktur bauen. Aber wir kriegten das gut hin. Wir hatten noch vor G2 Esports Räume in Berlin. Sie gestalteten wir ähnlich wie die Magenta Facility in Köln, das Flagship. Es wurde so etwas wie eine Kopie, womöglich noch einen Tacken besser, wenn auch etwas kleiner.

Wir stellten zuerst einen Coach und einen Teammanager ein. Als Nächstes ging es dann um die Kommunikation. Welche Geschichten wollten wir erzählen? Wie steuern wir das Ganze auf Social Media? Welche Video Pieces erstellen wir und geben wir raus? Riot Games stellte uns als Publisher zwar sehr viel Material zur Verfügung, aber im Prinzip starteten wir nochmal ein komplett neues Business.

Zur zeitlichen Einordnung: Mitte 2018 waren wir mit der Deutschen Telekom als Partner wieder in *League of Legends* eingestiegen, aber nur auf nationaler Ebene. Wir spielten im Vorgänger der heutigen Prime League, also der deutschsprachigen Meisterschaft. Das Team war gut, aber zum Titel reichte es nicht. Wir wurden Vize-Meister. Unser Fünf-Jahres-Plan sah vor, dass wir in Deutschland die Nummer Eins in *League of Legends* werden wollten. 2023 schafften wir das auch.

2019 verpflichteten wir das zweite Team für Berlin – ein internationales. Man kann sich das so vorstellen: Das nationale Team war unser das Bundesligateam, das andere spielte Champions League, wobei man dort das gesamte Jahr über auf Achtelfinal-Niveau spielt. Denn in der neuen Liga spielten nur zehn Teams aus Europa, und zwar wirklich gute. Dieses Niveau war komplett neu für uns. Andere Teams hatten großen Vorsprung, etwa fnatic, G2 Esports und Rogue. Sie kannten die Liga, die Strukturen und wussten genau, was sie mit wem machen mussten.

Wir mussten stattdessen Aufbauarbeit leisten. Das war unser Thema im Jahr 2019.

## Neue Genres und Disziplinen

Wir befassten uns aber auch noch mit anderen Spielen. Mit Martin Marquardt holten wir einen Chief Gaming Officer ins Haus. Ein echt guter Typ mit Wahnsinns-Know-how und vor allem Energie. Wir engagierten uns in Mobile E-Sports, insbesondere in *Clash Royale* und *Brawl Stars*. Martin ist inzwischen ein fester Teil der Führungsriege. Zu uns kam er über das Spiel *Vainglory*. Wir hatten zusammen bei einer Veranstaltung auf dem Podium gesessen und irgendwann sagte ich etwas flapsig, ich würde ihn und sein Team einfach kaufen. Wir lachten herzhaft und er gab mir mit Berliner Schnauze Kontra. Das prägte sich ein. Bald hatten wir ein Projekt zusammen. Martin und sein Team wechselten zu SK Gaming.

Wenn es um Mobile Gaming geht, war Martin ein richtiger Bonus. Einige hatten viel rumprobiert, vor allem in *Clash Royale*, aber wir hatten einen klaren Vorsprung und zudem einen langen Atem.

Die Deutsche Telekom war der optimale Partner beim Aufbau des Mobile Gaming. Um auf dem Handy gut spielen zu können, braucht man eine schnelle Internetverbindung – und zwar nicht im WLAN, sondern von überall mittels mobiler Daten. Das passte perfekt zu unserer Partnerschaft, das war perfektes Marketing, es eignete sich für Social Media, Presse und PR.

Wir testeten neue Titel, beispielsweise das Basketballspiel *NBA2k*. Wir verfolgten etliche neue Ansätze. Manches davon klappte, manches nicht. Häufig spielten die Publisher nicht so mit, dass sich ein „Ökosystem E-Sport" bei ihnen hätte etablieren können.

Und wir diversifizierten weiter. Auch die Fußballsimulation *FIFA* forcierten wir wieder, vor allem mit dem 1. FC Köln. Mit unserem Jungstar DullenMIKE gewannen wir im Januar 2019 sogar wieder eine Weltmeisterschaft.

Für den 1. FC Köln stellten wir das Team in der virtuellen Bundesliga (VBL).[56] Das lief rund zwei Jahre so, wurde dann aber im Jahr 2022 komplett an den Verein abgegeben. Sie lernten von uns und setzten es dann eigenständig um. *FIFA* sahen wir noch für Content, aber der kompetitive Charakter fehlte uns, irgendwann ließen wir es bei SK Gaming weg.

Das ist etwas schade. Aus meiner Sicht fehlte bei *FIFA* die Vision für den E-Sport, der Publisher hatte sie einfach nicht. Wir wollten *FIFA* größer denken als mit einer nationalen VBL. Wir sprachen mit dem DFB und der

DFL. Im Prinzip wollten wir ein Produkt wie die Champions League, mit dem FC Bayern München, Borussia Dortmund, Paris Saint-Germain oder dem FC Chelsea, gepaart mit SK Gaming, G2 Esports, fnatic oder dem FaZe Clan. Ausgespielt an eine superdigitale Zielgruppe. Fußballvereine haben eine sehr große und aktive Fangemeinde, wie wir E-Sport-Teams auch. Das hätte zusammen prima funktioniert, da bin ich mir absolut sicher. Aber bei der DFL entschied man sich anders und schlug uns die Tür vor der Nase zu. Schade. Es gäbe genug Ideen, weiterhin.

Fakt ist aber auch, dass die DFL mit dem Produkt der VBL gescheitert ist. Im Grunde ist das ganze Ding eher eine Fußnote im deutschen E-Sport. Im Fußball gibt es noch viel zu holen. Da verweise ich nur auf das Projekt meines ehemaligen Mitgesellschafters Andreas. Vielleicht hat es ja das Zeug, um Fußball und Sport allgemein wieder mehr im E-Sport stattfinden zu lassen.

Auf der anderen Seite gehört es zur Entwicklung, dass man gegen Wände läuft, zum Beispiel in Vertragsverhandlungen. Da sitzen dann halt Anwälte, die 100 Prozent verstehen wollen. Wenn 0,28 Prozent fehlen, scheitern solche Gespräche. Und gerade beim E-Sport können szenefremde Menschen nicht immer alles verstehen und nachvollziehen.

Es gab beispielsweise mal einen Moment, als einer der Leute der Deutschen Telekom auf der anderen Seite schon etwas biestig wurde. Dieser Mann verlangte mir in den Verhandlungen viel ab. Irgendwann hatte ich die Schnauze voll und kontaktierte Tim. Der hatte schließlich gesagt, ich könne mich jederzeit bei ihm melden. Ich schilderte ihm per WhatsApp, was das Problem war. Tatsächlich schaltete er sich kurz ein – und plötzlich standen einige Forderungen seitens der Telekom an mich nicht mehr im Raum: Der CEO eines Weltkonzerns hatte für mich ein gutes Wort eingelegt. Für ihn war E-Sport so relevant, dass er das Problem umgehend regelte. Das war ein großer Punkt für SK Gaming und für mich als CEO der Organisation.

## Vom Clan zur Unternehmung: Mein Bauplan für einen neuen E-Sport

Kurze Zeit später schlossen wir auch mit Lidl einen Zweijahresvertrag. Beide Seiten hatten die Möglichkeit, den Vertrag nach dem ersten Jahr zu kündigen, wenn gewünscht. So einen Vertrag gab es zuvor noch nie bei SK Gaming, weil wir loyal gegenüber unseren Partnern sind. Wenn Verträge aufgelöst wurden, dann immer auf Initiative der anderen Seite.

Irgendwann rief mich Alex Wehrle vom 1. FC Köln an. REWE ist Hauptsponsor des Vereins, wie die Telekom eben bei uns, und darüber hinaus in direkter Konkurrenz zu Lidl. Also fragte mich Alex, der im engen Austausch mit Lionel Souque, also dem CEO von REWE, nach dem Vertrag mit Lidl stand. Sie hatten sich über das Thema E-Sport unterhalten, auch über SK Gaming. Übrigens hatte man bei REWE gesagt, dass E-Sport kein Thema sei. Das war allerdings unter dem alten Marketingleiter. Nachdem ein neuer Mann im Team bei REWE war, änderte sich das. Der Neue war offen für das Thema E-Sport. Es war klar, dass REWE irgendwann bei uns mit am Tisch sitzen würde. Das lief über Lionel und den 1. FC Köln. Lionel und ich kannten uns bereits und hatten uns hier und da kurz gesehen. Wir verstanden uns definitiv und er war stark am Thema interessiert.

Die Situation war neu für mich: einen Vertrag nicht einzuhalten. Lidl war erst vor Kurzem Partner geworden. Wir hatten eine sechsmonatige Frist, um Lidl zu sagen, dass der Vertrag zum Ende des ersten Jahres ausläuft. Sonst hätte der Zweijahresvertrag gegriffen. Es ging, aber es schmerzt bis heute, denn eigentlich ist das nicht unser Weg. Wie gesagt, wir wollen ein loyaler Partner sein und es ist nicht unser Stil, Verträge frühzeitig zu kündigen.

Allerdings konnten wir mit REWE jetzt gut sprechen. Das Unternehmen überbot den Lidl-Vertrag. Und es passte zu uns und unserem Gesellschafter 1. FC Köln. Ja, das hat ein bisschen mit Lokalpatriotismus zu tun. Aber nicht nur, beziehungsweise: Als Erstes geht es ums Betriebswirtschaftliche. Wenn wir einen längerfristigen Vertrag mit mehr Aktivierungsbudget bekommen, dann müssen wir das machen.

Jetzt hatten wir plötzlich richtig große Namen am Tisch sitzen, die mitunter konträre Meinungen hatten. REWE, Deutsche Telekom und Mercedes Benz haben klare Ansichten und viel Gewicht. Sie liefern Impulse. Aber sie sind auch Konzerne. Es geht nicht immer um schnelle Lösungen. Daran musste ich mich erst gewöhnen. Ich habe immer versucht, SK Gaming wie auch den E-Sport weiterzuentwickeln. Man merkt erst im Nachgang, was wir da eigentlich geleistet haben, und das ist für Außenstehende sicher nicht komplett nachvollziehbar. Im Prinzip hatte ich zu jener Zeit mindestens zwei Vollzeitjobs. Ich musste SK als CEO führen und diese Veränderungen auf der Gesellschafterseite komplett begleiten und teilweise moderieren. Ich war absolut an meiner Leistungsgrenze. Und so verbringt man dann, anders als gewünscht, Weihnachtstage weniger mit der Familie als mit den Geschäftspartnern – 2021 war das wirklich so, da steckten wir noch in den Verhandlungen mit REWE. Erst im Januar darauf ging es zum Notar.

Anstrengend ist es bei uns manchmal auch in einem anderen Gremium. Und das macht mich besonders froh. Unser Beirat ist etwas ganz Besonderes, besetzt mit Top-Leuten. Sie haben uns oft richtig gepusht, stehen uns aber auch mit Rat und Tat zur Seite. Jede Company, mit der wir arbeiten, bringt da Marketing- und Zahlenspezialisten ein. So erproben wir unsere Ideen mit Top-Marketingleuten der Deutschen Telekom, von Mercedes Benz und REWE. Das gibt einen enormen Lerneffekt. Ich bin stolz drauf, dass ich mit solchen Fachleuten in einem Raum sitzen darf und dass wir sie von der Idee hinter SK Gaming überzeugen konnten.

## Status Quo und Zukunft

Ein Dauerthema ist auch mit einem großen gesellschaftlichen Diskurs verknüpft: Jungs gegen Mädchen. Oder genauer: Wie steht es um die Chancen für Frauen in unserem Geschäft? Es wurde unheimlich viel geredet. Gefühlt gab es auf jeder Veranstaltung ein Panel, wo über Frauen im Gaming und E-Sport gesprochen wurde. Da saßen Wissenschaftlerinnen, Spielerinnen und Coaches. Sie redeten und redeten. Aber Reden allein bringt nur wenig. Bereits 2002 hatten wir ein Frauenteam in *Counter-Strike*, das Weltmeisterschaften gewann, später kamen andere Female Teams hinzu, etwa fnatic und mousesports. Wir waren Vorreiter.

Daran wollten wir auch bei unserer neuen Reise in *League of Legends* anknüpfen. Wir hatten bereits zwei Teams, also die Top-Profis in Berlin. Auch unser Kölner

Team war auf Champions-League-Niveau unterwegs. Aber wir sahen noch eine Riesenlücke. Während Leute sagten, Spielerinnen seien nicht so gut wie die männlichen Kollegen, gaben wir ihnen bei SK Gaming die besten Trainingsmöglichkeiten. Wir scouteten die besten Spielerinnen im deutschsprachigen Raum, so wie wir das mit unseren anderen Teams eben auch gemacht hatten. Die spannende Frage war: Wo sortieren wir das Team ein? Direkt in der höchsten deutschsprachigen Spielklasse, der Prime League? Bis wohin schaffen wir es mit einem Female Team?

Wir waren so neugierig, dass wir dieses Projekt dokumentarisch begleiteten und auf YouTube veröffentlichten. Wir konnten die Deutsche Telekom mit ihrer Brand-Abteilung dafür gewinnen, uns zu unterstützen. Und wir sprachen mit der esportsplayerfoundation (epf)[57].

Nur so war *League of Legends* für uns komplett. Und das ist bis heute so geblieben. Ich bin überzeugt, dass wir die Basis geschaffen haben, um Frauen mehr in den E-Sport zu bringen. Das sieht man inzwischen auch bei anderen großen Teams: G2 Esports, Berlin International Gaming (BIG) und Rogue sind nur einige Beispiele.

E-Sport, wie wir ihn bauen, hat Gestaltungsanspruch. SK Gaming denkt positiv. Das ist unser Selbstverständnis. Wir legen viel Wert auf gute Präsentationen, weil wir Entscheider wirklich überzeugen und etwas bewirken wollen. Investments in weibliche Teams sind uns besonders wichtig. Damit korrigieren wir, was falsch gelaufen ist.

Das gilt auch für die Sache mit den Shootern. Ja, Mercedes hatte das damals zur Bedingung gemacht: Ein Engagement im E-Sport gab es nur im Einklang mit dem Ethikkodex, sogar per globalem Vorstandsbeschluss. Shooter-Games waren kategorisch ausgeschlossen. Mercedes wollte nichts damit zu tun haben. Das war 2018.

Aber dann passierte etwas, an dem wir fünf Jahre lang mitwirkten. Tatsächlich hatte man uns in Stuttgart schon damals gesagt, dass man von uns auch lernen wollte. Ja, es gab den Kodex und er war sehr eng formuliert. Aber durch das Engagement bei uns wurde eine Auseinandersetzung angestoßen. Wir wurden gehört und konnten jede Menge Input geben. Wurde der Kodex der gesellschaftlichen Realität gerecht, war man auf der Höhe der Zeit?

Es kam zu regen Diskussionen. Die Games haben sich verändert. An *Valorant* oder *Fortnite* ließ sich zeigen, wie sich Shooter-Spiele entwickelten.

Im Laufe der letzten fünf Jahre hat sich tatsächlich so manches bewegt. Bei Mercedes ist in diesem Zeitraum ein Papier entstanden, zu dem wir einiges an Input beigetragen konnten. Der Ethikkodex wurde angepasst, Shooter sind jetzt nicht mehr per se ausgeklammert. Es wird unterschieden: zwischen realistischen Shootern, etwa in einem Weltkriegssetting, und unrealistischen Shootern, die in fiktiven Settings spielen und grafisch eher comicartig sind. Zu den letztgenannten gehören *Valorant*, *Fortnite* oder *Overwatch*. Seit dem Einstieg von Mercedes bei uns und dem Zwang, auf Abstand zu *Counter-Strike* zu gehen, hat sich etwas verändert.

*Valorant* gingen wir direkt an. Perspektivisch möchten wir hier auch international eine Rolle spielen. Das geht nur, weil wir so viel Energie aufgewendet und mit Mercedes diesen neuen Kodex erarbeitet haben. Für uns ist das schön, aber es ist noch viel mehr wert. Es verändert die gesellschaftspolitische Sicht auf den E-Sport und das Gaming. Das, was wir dort mitvorantreiben durften, zieht nun weitere Kreise. Dadurch rücken unterschiedliche Generationen näher zusammen – und dass wir dazu einen Teil beitragen durften, mag ich sehr.

Und dann ist da der Zwang zur Innovation. Im E-Sport bewegt sich alles wahnsinnig schnell. Da muss man früh anfangen, sein eigenes Drehbuch zu schreiben. Man muss sich früh überlegen, wofür man stehen möchte. Wenn man die E-Sport-Begeisterten da draußen fragt, wofür SK Gaming steht, dann werden das viele von ihnen sehr genau wissen – und das macht uns unheimlich stolz. Sie wissen es nicht, weil wir im Handelsblatt oder anderen Leitmedien Interviews geben. Sie wissen es durch unser Handeln, unser Tun. Das spiegelt unsere Vision, unsere Wertevorstellungen und unsere Mission wider.

Das ist am Ende die Grundlage für einen modernen E-Sport. Wir möchten E-Sport in der Gesellschaft als das implementieren, was er ist: eine Bereicherung. Er hat Ecken und Kanten, wir müssen ihm als Gesellschaft an diesen Stellen mit einem wachen Blick begegnen. Hier haben wir als SK Gaming eine wichtige Rolle. Wir übernehmen Verantwortung und haben auch keine Angst vor unbequemen Diskussionen. Wir stellen uns Kritik, die auch berechtigt sein kann. Wir erwarten, dass Lösungen, die wir an den Tisch bringen, vorbehaltlos und ehrlich diskutiert werden. So definieren wir unsere Rolle: Wir sehen uns als Positivbeispiel, Vorreiter, Innovator und Katalysator für das ganze Thema E-Sport und Gaming.

2023 haben wir in Köln konsequenterweise das neue Leistungszentrum gebaut, unsere Fläche in unserer Heimatstadt mit der neuen Magenta Facility, einer riesigen Eventhalle, in der wir jetzt auch eigene Events organisieren, verdreifacht. Wir können damit die Gesellschaft zu uns holen. Wir wollen sie überzeugen und können das auch. Und wir wollen und können lernen. Wir müssen lernen, was die Gesellschaft am E-Sport kritisch sieht, damit wir darauf reagieren und Lösungen bieten können.

Menschen, die uns besuchen, sollen sagen: SK Gaming hat das gut gemacht und die Probleme gesehen, am Ende sogar gelöst. Dass SK Gaming verantwortlich handelt, das ist mein Bauplan des E-Sports, meine Vision, meine Leidenschaft.

# Epilog

Das ist die Geschichte von SK Gaming, von Alex T. Müller und dem E-Sport. Eine Geschichte, die zeigt, dass es im E-Sport keinen Status Quo gibt. Alles ist im Fluss, alles bewegt sich, ständig und immer.

Wenn man im E-Sport unterwegs sein möchte, dann immer nur progressiv, innovativ und im aktiven Gang nach vorne. Es geht darum, Zukunft zu gestalten, Probleme zu sehen und Lösungen zu finden. Eine Rolle, die SK Gaming seit nunmehr 28 Jahren wahrnimmt und ausfüllt. Eine Rolle, an der ich versuche teilzunehmen – als Architekt, als Ideengeber, als Business Development Manager, als Person und auch als Mensch. Ich möchte das nach wie vor nach vorne pushen. Natürlich habe ich auch meine eigene Agenda. Die ist offen und transparent. Ich möchte, dass E-Sport wahrgenommen wird. Dass er ernstgenommen wird. Dass er wächst.

Wenn in der Zukunft mal die Geschichte des E-sports geschrieben wird, dann möchte ich, dass es heißt, SK Gaming habe seinen Beitrag geleistet, damit E-Sport professionell, strukturiert und diszipliniert abläuft. Man soll sagen, dass da tolle Menschen und tolle Leistungen zu sehen sind. Dass man stolz darauf sein kann, dass aus Deutschland ein so wunderbarer E-Sport-Standort geworden ist. In dieser Hinsicht haben wir noch Luft nach oben: In Dänemark oder Frankreich werden Staatsempfänge veranstaltet, wenn ein Team Weltmeister wird. In Köln hat uns nicht einmal die Oberbürgermeisterin gratuliert, die aber gleichzeitig im „Kicker" schreibt, dass Deutschland das Rennen um eine Pole-Position im E-Sport in Europa nicht verlieren soll. Das ist schade. Wir müssen da mehr draus machen und unsere Geschichte mit Stolz erzählen. Wir müssen weiter Positives tun und Positives in die Gesellschaft hineinrufen, um E-Sport auf Wachstumskurs zu halten und seine öffentliche Wahrnehmung stetig zu verbessern.

Ich bin davon überzeugt, dass das der richtige Weg ist.

# Anmerkungen

1 *CS:GO* ist eine Variante des Erfolgsspiels *Counter-Strike* (CS), das erstmals 1999 als Modifikation des Spiels *Half-Life* erschien. *CS:GO* kam 2012 auf den Markt und ist seither eine der wichtigsten Disziplinen im E-Sport. CS kann insgesamt, inklusive der Ursprungsversion (CS 1.6) und *Counter-Strike: Source* (CS:S, 2004) als Mutter des E-Sports gesehen werden. Kaum ein anderes Spiel war für die Entwicklung des elektronischen Sports prägender. Der Publisher Valve hat im Jahr 2023 den offiziellen Nachfolger von *CS:GO* angekündigt. *CS 2* erschien als Update von *CS:GO*.

2 Die ESL ist der größte und älteste Veranstalter von E-Sport-Wettbewerben weltweit.

3 E-Sport steht für „elektronischer Sport". Dahinter versteckt sich das wettbewerbsorientierte Spielen von Computer- und Videogames. Es geht also um viel mehr als Zocken. Bei E-Sport spielen nicht nur Games, sondern auch ganzheitliche Trainingspläne, Analysen, taktisches und strategisches Denken, Multitasking, Stressresistenz, Makro- und Mikromanagement, Teamfähigkeit, Kommunikation sowie Sprachkenntnisse eine große Rolle.

4 Ein Publisher ist der Hersteller eines Computer- und Videospiels. Teilweise sind Publisher auch Spieleentwickler.

5 Hardware beschreibt Computerkomponenten und Zubehör, etwa Grafikkarten, Prozessoren, Mäuse, Tastaturen und Headsets.

6 Ein Nickname ist das Pseudonym, unter dem ein Spieler antritt. Nicknames sind im E-Sport weitverbreitet und häufig bekannter als die echten Namen der Spieler.

7 Einige der Virus-Pro-Spieler gehörten zu den „Golden Five", die als legendäres Team in *Counter-Strike* gelten. Über einen Zeitraum von mehreren Jahren haben diese fünf polnischen Spieler quasi alle großen Wettbewerbe gewonnen.

8 LAN steht für Local Area Network, ein lokales Netzwerk.

9 Multiplayer bezeichnet das Spielen gegen- und miteinander über ein lokales Netzwerk oder das Internet.

10 C64 steht für Commodore 64, einen sehr frühen Heimcomputer.

11 Die Begriffe „Gaming" und „E-Sport" werden zu Beginn dieses Buches noch synonym verwendet, sind aber unterschiedlich definiert.

12 Eine CPU ist die zentrale Recheneinheit eines Computers.

13 Peripherie sind Eingabegeräte wie Mäuse und Tastaturen, aber auch anderweitige Ergänzungen der Kern-Infrastruktur eines Computer-Setups, etwa Headsets.

14 Ein Switch ist ein mechanischer Schalter unterhalb der Taste der Tastatur. Mechanische Tastatur sind heute Standard im E-Sport, da sie besonders präzise sind und individuell eingestellt werden können, etwa hinsichtlich des Druckpunktes.

15 ESL steht für Electronic Sports League. Die ESL ist ein Wettbewerbsveranstalter und gilt heute als größter und ältester Veranstalter seiner Art.

16 Eine GbR ist eine Gesellschaft bürgerlichen Rechts, also eine Rechtsform für ein Unternehmen.

17 Plug & Play bedeutet, dass Geräte an einen Computer angeschlossen werden können und direkt funktionieren, ganz ohne aufwendige Treiberinstallationen oder Updates.

18 id Software ist ein Publisher für Computerspiele, der unter anderem die *Quake*-Serie entwickelt hat.

19 USK steht für Unterhaltungssoftware Selbstkontrolle. Diese prüft Computer- und Videospiele auf ihre Inhalte und gibt diese ab bestimmten Altersstufen frei. USK 18 bedeutet, dass ein Spiel erst ab 18 gespielt werden darf.

20 Eine Demo ist bei einem Videospiel eine Testversion, die noch nicht final sein muss.

21 CPL steht für Cyberathlete Professional League, lange Zeit eine der wichtigsten Wettbewerbsreihen im E-Sport.

22 *Counter-Strike* war 1999 als Modifikation von *Half-Life* erschienen und verfügte seit 2000 über eine eigenständige Vollversion.

23 Ein US-amerikanischer Fernsehsender, der sich auf Sportprogramme spezialisiert hat.

24 Eine erfolgreiche internationale Turnierserie der ESL.

25 Valve ist der Publisher von Spielen wie *Counter-Strike* und *Dota 2*.

26 Ein ehemaliger schwedischer E-Sport Profi, besser bekannt unter seinem Nickname bds.

27 Aus technischen Gründen eine Unterbrechung zum Server und damit ein „Rausfliegen" aus dem Spiel.

28 1996 gegründeter Instant-Messaging-Dienst.

29 Internet Relay Chat, ein textbasiertes Chatsystem.

30 Die World Cybergames (WCG) waren eine Art Olympische Spiele für den E-Sport.

31  Die Esports Player Foundation (epf) ist wie die Deutsche Sporthilfe, bloß auf den E-Sport gemünzt.
32  Team SoloMid, eine US-amerikanische E-Sport-Organisation.
33  Electronic Sports World Cup, zu der Zeit eine Art Weltmeisterschaften in unterschiedlichen Spielen und Genres.
34  *FIFA* war eine Fußballsimulation und wird auch aktuell, unter neuem Namen, viel gespielt.
35  Kurzform für Playstation, eine Spielekonsole vom Hersteller Sony.
36  Eine Spielekonsole des Herstellers Microsoft.
37  Weitestgehender Verzicht auf externe Geldgeber im Rahmen von Gründungen/Startups.
38  Das Louvre Agreement ist eine Vereinbarung, zu der sich mehrere Top-Teams verpflichtet haben, um politischen Einfluss zu bündeln und gleichzeitig finanzielle Sicherheit für alle zu schaffen. Es mündete vor allem in die ESL Pro League, eine Liga, an der die besten Teams der Welt partizipieren.
39  Kampf darum, welcher Clan (in *World of Warcraft* „Gilden" genannt) es als Erster schafft, einen neuen Raid, also ein abgeschlossenes Level, komplett durchzuspielen.
40  DACH steht für Deutschland, Österreich und die Schweiz.
41  RTS = Echtzeit-Strategiespiel
42  Multigaming bezeichnet die Aktivität in mehreren Videospielen.
43  The International ist ein sehr preisgeldintensives Turnier in *Dota 2*.
44  Spielekonsole von Microsoft.
45  Eine Position im Spiel *League of Legends*. Der Spieler, der die mittlere Linie (Lane) spielt.
46  Die Auswahl eines Helden für eine Spielpartie.

47  Die Sperrung von Helden für eine Spielpartie.
48  Eine E-Sport-Organisation aus den USA.
49  Zeitweise Ersatzspieler.
50  Eine russische E-Sport-Organisation, die zeitweise das beste *Counter-Strike*-Team der Welt gestellt hat.
51  Eine ukrainische E-Sport-Organisation, die insbesondere in *Counter-Strike* zu den Besten der Welt gehört.
52  Sticker sind in *Counter-Strike* virtuelle Gegenstände, die an Waffen angebracht werden können und teilweise sehr wertvoll sind.
53  Major League Gaming, eine E-Sport-Liga aus den USA.
54  Ultimate Fighting Championship ist eine US-amerikanische Mixed-Martial-Arts-Organisation, die sich auch in Deutschland großer Beliebtheit erfreut.
55  Die National Basketball Association (NBA) ist die höchste Basketball-Spielklasse in den USA und gilt als stärkste Liga der Welt.
56  Die VBL wird von der Deutschen Fußball Liga (DFL) veranstaltet, die auch für die Ausrichtung der 1. und 2. Bundesliga im Herrenfußball verantwortlich ist.
57  Die epf ist vergleichbar mit der Deutschen Sporthilfe im traditionellen Sport. Sie unterstützt Spielerinnen und Spieler ganzheitlich bei ihrem Weg im E-Sport.

© SK Gaming GmbH & Co. KG

## ZUM AUTOR

**Alexander T. Müller** wurde 1976 in Marburg geboren. Bereits während seines Studiums verfolgte der Diplom-Volkswirt seinen großen Traum vom eigenen Unternehmen. Ende der 90er-Jahre gründete er sein erstes Unternehmen im E-Sport und entschied sich, seine Karriere voll und ganz SK Gaming zu widmen.

## IMPRESSUM

Projektkoordination: *Dr. Marten Brandt*
Layout und Satz: *Datagrafix GSP GmbH, Berlin | www.datagrafix.com*
Umschlaggestaltung: *Groothuis. Gesellschaft der Ideen und Passionen mbH | www.groothuis.de*
Lithographie: *Frische Grafik, Hamburg*
Druck und Bindung: *GGP Media GmbH, Pößneck*

Alle Rechte vorbehalten. All rights reserved. Das Werk darf – auch teilweise – nur mit Genehmigung des Verlags wiedergegeben werden.

Die automatisierte Analyse des Werkes, um daraus Informationen insbesondere über Muster, Trends und Korrelationen gemäß § 44b UrhG („Text und Data Mining") zu gewinnen, ist untersagt.

1. Auflage 2025
© 2025 Edel Verlagsgruppe GmbH,
Neumühlen 17, 22763 Hamburg
ISBN 978-3-98588-059-1
www.edelsports.com/kontakt
www.edelverlagsgruppe.de/kontakt

## LIEBE LESERINNEN, LIEBE LESER

wie schön, dass Sie ein Buch von EDEL SPORTS lesen! Wir lieben große Geschichten, herausragende Persönlichkeiten und starke Meinungen aus der faszinierenden Welt des Sports und freuen uns sehr, dass Sie diese Leidenschaft mit uns teilen. Sport ist Emotion, Entertainment und Business zugleich. Geben Sie uns gern Ihr Feedback auf Instagram (@edel.sports) oder schreiben uns an:
*info@edelsports.com*

## UNSER VERLAGSHAUS

Mit Standorten in Hamburg und München zählt die Edel Verlagsgruppe zu den größten unabhängigen Buchanbietern Deutschlands. Zur Gruppe gehören die Verlage Dr. Oetker Verlag, Edel Sports, KARIBU und ZS.

EDEL Sports – Ein Verlag der Edel Verlagsgruppe
🌐 www.edelsports.com
📷 www.instagram.com/edel.sports

# IKONE, WELTFUSSBALLER, MUSTERPROFI

**Guillem Balagué**
**Cristiano Ronaldo**

ISBN 978-3-98588-085-0

## Die preisgekrönte Biografie